U0629475

名家谈教育

陶行知
谈教育

陶行知 ◎ 著

辽宁人民出版社

图书在版编目（CIP）数据

陶行知谈教育 / 陶行知著. —沈阳：辽宁人民出版社，2015.1
（名家谈教育丛书）
ISBN 978-7-205-08103-4

Ⅰ. ①陶… Ⅱ. ①陶… Ⅲ. ①陶行知（1891～1946）—教育思想—文集 Ⅳ. ①G40-092.6

中国版本图书馆CIP数据核字（2014）第270663号

出版发行：辽宁人民出版社
　　　　　地址：沈阳市和平区十一纬路25号　邮编：110003
　　　　　电话：024-23284321（邮　购）024-23284324（发行部）
　　　　　传真：024-23284191（发行部）024-23284304（办公室）
　　　　　http://www.lnpph.com.cn
印　　刷：辽宁奥美雅印刷有限公司
幅面尺寸：160mm×230mm
印　　张：12
字　　数：170千字
出版时间：2015年1月第1版
印刷时间：2015年1月第1次印刷
责任编辑：艾明秋　赵维宁
封面设计：Amber Design 琥珀视觉
版式设计：姿　兰
责任校对：孙　静
书　　号：ISBN 978-7-205-08103-4

定　　价：24.00元

目　录

导读 　陶行知先生毕生致力于中国的教育事业，他写文章的目的单纯而明确，即表达他的教育观点，也因此他的文章多观点鲜明、条理清晰，比如这篇《教学合一》，他认为：一、先生的责任在教学生学；二、先生教的法子必须根据学的法子；三、先生须一面教一面学。

教学合一

　　现在的人叫在学校里做先生的为教员，叫他所做的事体为教书，叫他所用的法子为教授法，好像先生是专门教学生些书本知识的人。他似乎除了教以外，便没有别的本领，除书之外，便没有别的事教，而在这种学校里的学生除了受教之外，也没有别的功课。先生只管教，学生只管受教，好像是学的事体，都被教的事体打消掉了。论起名字来，居然是学校；讲起实在来，却又像教校。这都是因为重教太过，所以不知不觉的就将教和学分离了。然而教学两者，实在是不能分离的，实在是应当合一的。依我看来，教学要合一，有三个理由：

　　第一，先生的责任不在教，而在教学，而在教学生学。大凡世界上的先生可分三种：第一种只会教书，只会拿一本书要儿童来读它，记它，把那活泼的小孩子做个书架子、字纸篓。先生好像是书架子、字纸篓之制造家；学校好像是书架子、字纸篓的制造厂。第二种的先生不是教书，乃是教学生；他所注意的中心点，从书本上移在学生身上来了。不像从前拿学生来配书本，现在他拿书本来配学生了。他不但是要拿书本来配学生，凡是学生需要的，他都拿来给他们。这种办法，固然比第一种好得多，然而学生还是在被动的地位，因为先生不能一生一世跟着学生。热心的先生，固想将他所有的传给学生，然而世界上新理无穷，先生安能尽把天地间的奥妙为学生一齐发明？既然不能与学生一齐发明，那他所能给学生的，也是有限的，其余还是要学生自己去找出来的。况且事事要先生传授，既有先生，何必又要学生呢？所以专拿现成的材料来教学生，总归还是不妥当的。那么，先生究竟应该怎样子才好？我以为好的先生不是教书，不是教学生，乃是教学生学。教学生学有什么意思呢？就是把教和学联络起来：一方面要先生负指导的责任，一方面要学生负学习的责任。对于一个问题，不是要先生拿现成的解决方法来传授学生，乃是要把这个解决方法如何找来的手续程序，安排停当，指导他，使他以最短的时间，经过相类的经验，发生相类的理想。自己将这个方法找出来，并且能够利用这种经验理想来找别的方法，解决别的问题。得了这种经验理想，然后学生才能探知识的本源，求知识的归宿，对于世界一切真理，不难取之无尽，用之无穷了。这就是孟子所说的"自得"，也就是现今教育家所主张的"自动"。所以要想学生自得自动，必先有教学生学的先生。这是教学应该合一的第一个理由。

第二，教的法子必须根据于学的法子。从前的先生，只管照自己的意思去教学生；凡是学生的才能兴味，一概不顾，专门勉强拿学生来凑他的教法，配他的教材。一来先生收效很少，二来学生苦恼太多，这都是教学不合一的流弊。如果让教的法子自然根据学的法子，那时先生就费力少而成功多，学生一方面也就能够乐学了。所以怎样学就须怎样教：学得多教得多，学得少教得少；学得快教得快，学得慢教得慢。这是教学应该合一的第二个理由。

第三，先生不但要拿他教的法子和学生学的法子联络，并须和他自己的学问联络起来。做先生的，应该一面教一面学，并不是贩买些知识来，就可以终身卖不尽的。现在教育界的通病，就是各人拿从前所学的抄袭过来，传给学生。看他书房里书架上所摆设的，无非是从前读过的几本旧教科书；就是这几本书，也还未必去温习的，何况乎研究新的学问，求新的进步呢？先生既没有进步，学生也就难有进步了。这也是教学分离的流弊。那好的先生就不是这样，他必定是一方面指导学生，一方面研究学问。如同柏林大学包尔孙先生（Fr. Paulsen）说："德国大学的教员，就是科学家。科学家就是教员。"德国学术发达，大半靠着这教学相长的精神。因为时常研究学问，就能时常找到新理。这不佨是教诲丰富，学生能多得些益处，而且时常有新的材料发表，也是做先生的一件畅快的事体。因为教育界无限枯寂的生活，都是因为当事的人，封于故步，不能自新所致。孔子说："学而不厌，诲人不倦。"真是过来人阅历之谈。因为必定要学而不厌，然后才能诲人不倦；否则年年照样画葫芦，我却觉得十分的枯燥。所以要想得教育英才的快乐，首先要把教学合而为一。这是教学应该合一的第三个理由。

总之：一、先生的责任在教学生学；二、先生教的法子必须根据学的法子；三、先生须一面教一面学。这是教学合一的三种理由。第一种和第二种理由是说先生的教应该和学生的学联络；第三种理由是说先生的教应该和先生的学联络。有了这样的联络，然后先生学生都能自得自动，都有机会方法找那无价的新理了。

（1919年）

|导读| 新教育的目的、新教育的方法、新学校、新学生、新教员、新课程、新教材、新考成……在陶行知看来，处在二十世纪新世界之中的中国需要一种全新的与之相适应的国民教育，为社会培养自主、自立和自动的共和国民，并且这种新必须是常新的。

新 教 育[①]

今天得有机会，诸同志共聚一堂，研究教育，心中愉快得很。现在把关于新教育上各项要点，略些谈谈。

新教育的需要

我们现在处于二十世纪新世界之中，应该造成一个新国家，这新国家就是富而强的共和国。怎样能够造成这新国家呢？固然要有好的领袖去引导平民，使他们富，使他们强，使他们和衷共济；但是虽有好的领袖，而一般平民不晓得哪个领袖是好的，哪个领袖是不好的，也是枉然。所以现在所需要的，是一种新的国民教育，拿来引导他们，造就他们，使他们晓得怎样才能做成一个共和的国民，适合于现在的世界。举例来说：有一个后母给她的儿子洗澡，所用的水，时而太冷咧，时而太热咧，这就是不能合着他儿子的需要。我们所研究

[①] 本篇系演讲记录。一九一九年七月二十二日，陶行知在浙江省立第一师范毕业生讲习会上发表演讲；记录者为李宗武、洪鋆。

的新教育，不应该犯这个毛病，一定要合于现在所需要的。

新教育的释义

先说"新"字是什么意思？某处人家因为要请客，一切设备家伙，都去向别家借用，用过之后，就去还了，这是客来则新，客去便旧了，不得为根本的新。我们中国的教育，倘若忽而学日本，忽而学德国，忽而学法国、美国，那终究是无所适从。所以"新"字的第一个意义要"自新"。今日新的事，到了明日未必新；明日新的事，到了后日又未必新。即如洗澡，一定要天天洗，才能天天干净。这就是日日新的道理。所以"新"字的第二个意义要"常新"。又我们所讲的新，不单是属于形式的方面，还要有精神上的新。这样才算是内外一致，不偏不倚。所以"新"字的第三个意义要"全新"。

次说"教育"是什么东西？照杜威先生说，教育是继续经验的改造（continuous reconstruction of experience）。我们个人受了周围的影响，常常有变化，或是变好，或是变坏。教育的作用，是使人天天改造，天天进步，天天往好的路上走；就是要用新的学理，新的方法，来改造学生的经验。

新教育的目的

这目的可分两项来说明：第一对于天然界，要使学生有利用他的能力。例如，我们要使光线入室不须空气的时候，就要用玻璃窗。照这样把所有一切光、电、水、空气等，都要被我们操纵指挥。现在中国和外国物质文明的高下，都从这利用天然界能力的强弱上分别出来的。然而其中也有危险的地方，如造出许多杀人的物，扰乱世界，是万万不可的。所以第二项目的，是对于群界要讲求共和主义，使人人都能自由守着自己的本分去做各种事业。一方面利用天然界，一方面谋共同幸福。可说一句，新教育的目的，要养成这种能力，再概括说起来，就是要养成自主、自立和自动的共和国民。自主的就是要做天然界之主，又要做群界之主。即如选举卖票一事，卖和不卖，到底由自己的主张。果能自主的人，富贵不淫，贫贱不移，威武不屈，人家有什么法子对付他呢？至于自立的人，在天然界群界之中，能够自衣自食，不求靠别人。但是单讲自立，不讲自动，还是没有进步，还是不配做共和国民的资格。要晓得专制国讲服从，共和国也讲服从，不过一是被动的，一是自动的，这就是他们的分别了。

新教育的方法

此番我从南京到上海，再从上海到嘉兴，一直到杭州来，有种种的方法，或是走，或是坐船，或是坐火车，或是坐飞艇。在这几种方法之中，哪几种是较好，哪一种是最好，而且哪一种是最快，这便是方法的考究。要考究这个方法，下列的几条，应该注意的：

（甲）符合目的　杀鸡用鸡刀，杀牛用牛刀，这就是适合的道理；教育也要对着目的设法。现在学校里有兵操一门，是为了养成国民有保护国家的能力而设的。但是照这样"立正"、"开步"的练习，经过几年之后，能否达到应战之目的，却须要研究的。

（乙）依据经验　怎样做的事，应当怎样教。譬如游水的事，应当到池沼里去学习，不应当在课堂上教授。倘若只管课堂的教授，不去实习，即使学了好几年，恐怕一到池里，仍不免要沉下去的。各种知识有可以从书上求的，不妨从书上去得来；有不可以从书上求的，那应该从别处去得他了。

（丙）共同生活　在学校中不能共同做事，一到社会也是不能的。所以要国民有共和的精神，先要学生有共和的精神；要学生有共和的精神，先要使他有共同的生活，有互助的力量。

（丁）积极设施　教人勿赌博，勿饮酒，这都是消极的禁止。至于积极的办法，要使他们时常去做好的事情，没有机会去做那坏的事情。在学校之中，常常有正当的游戏运动，兴味很好，自然没有工夫去做别的坏事了。

（戊）**注重启发** 在学校里并非一面教人，一面受教，就算了事。要使学生的精神意志和能力，渐渐的发育成长。孔子说"不愤不启，不悱不发"，我更要进一步说，使他不得不愤，使他不得不悱。杜威先生也说，教学生的法子，先要使他发生疑问；查出他疑难的地方，使他想种种方法，去解决这个问题；从这些方法之中，选出顶有成效的法子，去试试看对不对。如其不对，就换法子；如其对了，再去研究一下。照这方法来解释同类的问题和一切的问题。所以现在的时候，那海尔巴脱的五段教授法等，觉着不大适用了。

（己）**鼓励自治** 这便是教学生对于学问方面或道德方面，都要使他能够自治自修。

（庚）**全部发育** 身体和精神，要全体顾到，不可偏于一面。譬如在体育上，耳目口鼻手足，统要使他健全；在智育上，既要使他自知，又要使他能够利用天然界的事物；在德育上，公德和私德，都不可欠缺的。

（辛）**唤起兴味** 学生有了兴味，就肯用全副精神去做事体，所以"学"和"乐"是不可分离的。学校里面先生都有笑容，学生也有笑容。有些学校，先生板了脸孔，学生都畏惧他，那是难免有逃学的事了。所以设法引起学生的兴味，是很要紧的。

（壬）**责成效率** 凡做一事，要用最简便、最省力、最省钱、最省时的法子，去收最大的效果。做这件事，用这个方法，在一小时所收的效果是这样，用别个方法只需十分钟或五分钟，就有这样的效果，那后法就比前法为胜了。照此把时间、精力、金钱和效果的比较选择，可以得出一个最好的法子。

以上所讲，都是新教育上普通的说明。至于新教育对于学校课程等的设施和教员学生应当怎样的情形，休息几分钟再讲。

新学校

学校是小的社会，社会是大的学校。所以要使学校成为一个小共和国，须把社会上一切的事，拣选他主要的，一件一件的举行起来。不要使学生在校内是一个人，在校外又是一个人。要使他造成共和国民的根基，须在此练习。对于身体方面、道德方面、政治方面，凡国民所不可不晓得的，都要使他晓得，那学校便成为具体而微的社会了。我国学校的弊病，不但在与社会相隔绝，而且学校里面，全以教员做主，并不使学生参与。要晓得一社会里的事务，该使大家知道的，就该大家参与；该使少数领袖管理的，就该少数领袖参与。这样不靠一人，也不靠少数人，使每个学生、每个教员，晓得这个学校是我的学校，肯与学校同甘苦，那才是共和国社会里的真学校。

新学生

"学"字的意义，是要自己去学，不是坐而受教。先生说什么，学生也说什么，那便如学戏，又如同留声机器一般了。"生"字的意义，是生活或是生存。学生所学的是人生之道。人生之道，有高尚的，有卑下的；有片面的，有全部的；有永久的，有一时的；有精神的，有形式的。我们所求的学，要他天天加增的，是高尚的生活，完全的生活，精神上的生活，永久继续的生活。进一步说，不可学是学，生是生，要学就是生，生就是学。求学的事，是为预备后来的生存呢？还是现在的生存，就是全体生活的一部分呢？既然晓得教育是继续经验的改造，那么对于天然界和群界，自然受他的影响，天天变动，就是天天受教育，差不多从出世到老，与人生为始终的样子。你哪一天生存不是学？你哪一天学不是生存呢？孔子到了七十岁，方才从心所欲不逾矩。他是一步一步上进的。凡改变我们的，都是先生；就是我们自己都是学生。以前只有在学校里的是学生，一到家里就不是学生；现在都做社会的学生，是从根本上讲，来得着实，不至空虚。虽出校门，仍为学生，就是不出于教育的范围。所以每天的一举一动，都要引他到最高尚、最完备、最能永久、最有精神的地位，那方才是好学生。

新教员

新教员不重在教，重在引导学生怎么样去学。对于教育，第一，要有信仰心。认定教育是大有可为的事，而且不是一时的，是永久有益于世的。不但大学校高等学校如此，即使小学校也是大有可为的。夫勒培尔研究小学教育，得称为大教育家。做小学教师的，人人有夫氏的地位，也有他的能力；只需承认，去干就能成功，又如伯斯塔罗齐、蒙铁梭利都从研究小学教育得名，即如杜威先生，也是研究小学教育的。这都是实在的事，并非虚为赞扬。我从前看见一个土地庙面前对联上，有一句叫"庙小乾坤大"，很可以来比。况我们学校虽小，里头却是包罗万有。做小学教员的，万勿失此机会，正当作一番事业。而且这里头还有一种快乐——照我们自己想想，小学校里学生小，房子小，薪水少，功课多，辛苦得很，哪有快乐？其实看小学生天天生长大来，从没有知识，变为有知识，如同一颗种子的由萌芽而生枝叶，而看他开花，看他成熟。这里有极大的快乐。照以上两层——做大事业得大快乐——是为一己的，而况乎要造新国家、新国民、新社会，更非此不行嘛！那不信仰这事的，可以不必在这儿做小学教员。一国之中，并非个个人要做这事的，有的做兵，有的做工，有的做官吏……各人依了他的信仰，去做他的事。一定要看教育是大事业，有大快乐，那无论做小学教员，做中学教员，或做大学教员，都是一样的。第二，要有责任心。不但是自己家中的小孩和课堂中的小孩，我应当负责任；无论这里那里的小孩，要是国中有一个人不受教育，他就不能算为共和国民。在美国一百个人之中，有九十几个受教育。中国一百个人之中，只有一个人受教育。而且二十四个学生中，只有一个女学生。我们要从这少数的人，成为多数的人，要用多少年的工夫？非得终身从事不行。况且我们除了二十岁以前，六十岁以后，正当有为之时，没有多少，即使我们自己一无不成，应当代代做去。切不可当教育事业是住旅馆的样子，住了一夜或几夜之后，不管怎么样，就听他去了。那教育事业，还有发达的希望吗？第三，做新教员的要有共和精神。就是不可摆出做官的态度，事事要和学生同甘苦，要和学生表同情，参与到学生里面去，指导他们。第四，要有开辟精神。时候到了现在，不可专在有教育的地方办教育。要有膨胀的力量，跑到外边去，到乡下地方，或是到蒙古、新疆这些边界的地方，要使中国无地无学生。一定要有单骑匹马勇往无前的气概，有如外国人传教的精神，无论什么都不怕，只怕道理不传出去。要晓得现在中国，门户边界的危险，使那个地方的人，晓得共和国的样子，用文化去灌输他，使他耳目熟习，改换他从来的方向，是很要紧的。第五，要有试验的精神。有些人肯求进步，有些人只晓得自划的，除了几本教科书外，没有别的书籍。——诸君已经毕业之后，还在这儿讨论教育，那是最好的。——他人叫我怎样办，我便怎样办，专听上头的命令。要晓得上头的命令，只不过举其大端，其中详细的情形，必定要我们去试验。用了种种方法，有了结果，再去批评他的好坏，照此屡试屡验，分析综合，方才可下断语。倘使专靠外国，或专靠心中所有，那么，或是以不了了之，或是但凭空想，或是依照古老的法子，或是照外国的法子，统是危险的。从前人说"温故而知新"，但是新的法子从外国传到中国，又传到杭州，我们以为新的时候，他们已经旧了。所以，望大家注意，不可不由自己试验，得出真理，方不至于落人之后哩！

新课程

这要从社会和个性两方面讲。从社会这面讲来，要问这课程是否合乎世界潮流，是否合乎共和精神。学了这课程之后，能否在中国的浙江，或是浙江的杭州，做一个有力的国民。更从个性的一面讲来，谁的事教谁，小孩子的事教小孩子，农人的事去教农人，方才能够适合。我且拿学代数来做个例，看这课程，是否为学生所需要。我有一次对学生发问道："有几多人应用过代数？"那一百人中，只有七八个人举手。又问："不曾用过代数的人举手！"就有九十九个。后再查考那七八个人所用的东西，只须一星期，至多不过一月，就可教了。照这样看来，我们应该有变通的办法。是否为了七八个人去牺牲那九十几个人。那七八个人，或为天文家，或习工业，或学医生，所用代数，不过百分之一罢了。我们不可以为了一个人，去牺牲九十九个人；也不可以为了九十九个人，去牺牲那一个人。总要从社会全体着想，有否其他有用的东西，未列在课程里？或是有用不着的东西，还列在课程里呢？照这样去取舍才行。

新教材

就教科书一端而论，编书的人，有的做过教员，有的竟没有做过教员。就拿他自己的眼光来做标准，不知道各地方的情形怎么样。用了这种书去教授，哪里能适合呢？所以教科书只可作为参考，否则硬依了他，还是没有的好。又有一种讲义，当看作账簿一般。社会上各种文化风俗，都写在这账簿上。这账簿有没有用处，或是正确不正确，需要仔细考查。譬如富翁，虽然将他所有的财产，写在账簿上，拿来传给他的儿子，若是不去实地指点他，那几处房子或是田地，是我所有，和这账簿对照一下，他的儿子仍然不晓得底细，也许有几处田地房产，已经卖出；也许有几处买进的，还没有登记上去，总要使他儿子完全明了，那账簿方才有效。要拿教科书上的情形引导把学生看，或是已经变迁的情形，指点他明白。几年前的朝鲜和现在不同；俄国已经分做十几国，更不可以拿从前的来讲。总要明白实际的事情，因为账簿是死的，人是活的，要拿账簿来为我所用，不要将活泼泼的人，为死书所用。要晓得账簿之外，还有许多文化在那里，要靠教科书是有害的。

新教育的考成

我到店里去要一件东西，他拿了别的东西给我，我就不答应了，怎么我要这件，你偏与我那件呢？教育的事，也是这样。要按照目的去考成，方才不会枉费了精神和财力。譬如从农业、工业或商业学校里毕业出来的学生，有几多人在那里做他应当做的事。若是不问他的结果，一味的办去，正如做母亲的人把她的女儿出嫁，不将她长女出嫁的情形，来加以参考，以致第二、第三个女儿吃着同样的苦头，这是因为不考成的缘故。

再有几层，我在别处已经讲过，暂且不说。总之，大家觉得要教育普及，先要认定目的。做若干事，须得若干的代价，决不是天然能成功的。即就小孩子而论，美国一人需费四元四角五分，中国每人只有六分。试问没有代价的事，能办得好办不好？但这事人人负有责任。我们做教员的，不但教学生，又要想法子使得社会上的人对于教育认为必要。譬如有钱的人，可以教自己的孩子，同时他邻舍的小孩子，因为没得钱受教育，和这小孩子一块儿玩，就把他带坏了。所以单教自己的儿子，还是不中用的。把这种的情形使他们觉悟，人非木石，断没有一定不信的。虽然有些困难的地方，我们总可以用自己的力量去战胜他的。

（1919年）

导读 学生的自治知易行难，知易是因为学生毕业走向社会就马上面临自治的问题，所以若能在学校中即开始锻炼学生的自治能力就很有必要。但是，也因为自治的主体是学生，当局或学校不会给予学生自治足够的权限，学生自治也因此行难。

学生自治问题之研究

近世所倡的自动主义[①]有三部分：一、智育注重自学；二、体育注重自强；三、德育注重自治。所以，学生自治这个问题，是自动主义贯彻德育的结果，是我们数千年来保育主义、干涉主义、严格主义的反应，是现在教育界一个极重要的问题。这个问题，包含甚广。我们要问学生应否有自治的机会？如果应该自治，我们又要问学生自治究竟应有几多大的范围？学生应该自治的事体，究竟有哪几种？规定学生自治的范围，又应有何种标准？施行学生自治，又应用何种方法？这几个问题，都是我们所要研究的。总起来说，就是学生自治问题。

学生自治是什么。凡是讨论一种问题，必先要明白问题的性质和他的意义。性质和意义不明了，就不免使人误会。这篇所讨论的学生自治，有三个要点：第一，学生指全校的同学，有团体的意思；第二，自治指自己管理自己，有自己立法执法司法的意思；第三，学生自治与别的自治稍有不同，因为学生

---

① 自动主义，20世纪初盛行于中国的教育新思潮之一。它强调学生自学、自强、自治。以学生自动为主，教师则加以指导。

还在求学时代，就有一种练习自治的意思。把这三点合起来，我们可以下一个定义："学生自治是学生结起团体来，大家学习自己管理自己的手续。"从学校这方面说，就是"为学生预备种种机会，使学生能够大家组织起来，养成他们自己管理自己的能力"。

依这个定义说来，学生自治，不是自由行动，乃是共同治理；不是打消规则，乃是大家立法守法；不是放任，不是和学校宣布独立，乃是练习自治的道理。

学生自治的需要。今日的学生，就是将来的公民，将来所需要的公民，即今日所应当养成的学生。专制国所需要的公民，是要他们有被治的习惯；共和国所需要的公民，是要他们有共同自治的能力。中国既号称共和国，当然要有能够共同自治的公民。想有能够共同自治的公民，必先有能够共同自治的学生。所以从我们国体上看起来，我们学校一定要养成学生共同自治的能力，否则不应算为共和国的学校。这是第一点。

当今平民主义的潮流，来势至为猛烈，受过他的影响的人，都想将一切的束缚尽行解脱。这固然有他的好处；不过也有他的危险。好处在哪里？大家从此可以充分发挥个人的精神，促进人群的进化。危险在哪里？束缚既然解脱，未必人人能够约束自己的欲望，操纵自己的举止，一旦精神能力向那坏处发泄，天下事就不可为了。一国当中，人民情愿被治，尚可以苟安；人民能够自治，就可以太平；那最危险的国家，就是人民既不愿被治，又不能自治。所以当这渴望自由的时候，最需要的是给他们种种机会得些自治的能力，使他们自由的欲望可以自己约束。所以时势所趋，非学校中提倡自治，不足以除自乱的病源。这是第二点。

我们既要能自治的公民，又要能自治的学生，就不得不问问究竟如何可以养成这般公民学生。从学习的原则看起来，事怎样做，就须怎样学。譬如游泳要在水里游，学游泳，就须在水里学。若不下水，只管在岸上读游泳的书籍，做游泳的动作，纵然学了一世，到了下水的时候，还是要沉下去的。所以专制国要有服从的顺民，必须使做百姓的时常练习服从的道理；久而久之，习惯成自然，大家就不知不觉的只会服从了。共和国要有能自治的国民，也必须使做国民的时常练习自治的道理；久而久之，习惯成自然，他们也就能够自治了。所以，养成服从的人民，必须用专制的方法；养成共和的人民，必须用自治的方法。如果用专制的方法，可以养成自治的学生公民，那么，学生自治问题，还可以缓一步说；无奈自治的学生公民，只可拿自治的方法将他们陶熔出来。所以从方法这方面着想，愈觉得学生自治的需要了。这是第三点。

学生自治如果办得妥当有这几种好处：

第一，学生自治可为修身伦理的实验。现今学行并重，不独讲究知识，而且要求所以实验知识的方法。所以学校教课当中，物理有实验，化学有实验，博物有实验，别门功课也有实习，如作文、图画、体操等等，都于学识之外，加以实地练习的机会。他的目的，无非要由实验，实习以求理想与实际的联络，使所做的学问，可以深造。修身伦理一类的学问，最应注意的，在乎实行；但是现今学校中所通行的修身伦理，很少实行的机会；即或有之，亦不过练习仪式而已。所以嘴里讲道德，耳朵听道德，而所行所为却不能合乎道德的标准，无形无影当中，把道德与行为分而为二。若想除去这种弊端，非给学生种种机会，练习道德的行为不可。共和国民最需要的操练，就是自治。在自治上，他们可以养成几种主要习惯：一是对于公共幸福，可以养成主动的兴味；二是对于公共事业，可以养成担负的能力；三是对于公共是非，可以养成明了的判断。简单些说：自治可以养成我们对于公共事情上的愿力、智力、才力。照这样看来，学习自治若办得妥当，可算是实验的修身，实验的伦理，全校就是修身伦理的实验室。照这样办，才算是真正的修身伦理。

第二，学生自治能适应学生之需要。我们办学的人所定的规则，所办的事体，不免有与学生隔膜的。有的时候，我们为学生做的事体越多，越是害学生。因为代人，随便怎样精细周到，总不如人之自为。我们与学生经验不同，环境不同，所以合乎我们意的，未必合乎学生的意。勉强定下来，那适应学生需要的，或者遗漏掉；那不适应学生需要的，反而包括进去。等到颁布之后，学生不能遵守，教职员又不得不执行，却是左右为难。甚至于学生陷于违法，规则失了效力，教职员失去信用。若是开放出去，划出一部分事本出来，让学生自己治理；大家既然都有切肤的关系，所定的办法，容或更能合乎实在情形了。这就是说，有的时候学生自己共同所立的法，比学校里所立的更加近情，更加易行，而这种法律的力量，也更加深入人心。大凡专制国家的人民，平日不晓得法律是什么，只到了犯法之后，才明白有所谓法律。那么，法律的力量，大都发现于犯法之后，这是很有限的。至于自己共同所立之法就不然，从始到终，心目中都有他在；平日一举一动，都为大家自立的法律所影响。所以自己所立之法的力量，大于他人所立的法；大家共同所立之法的力量，大于一人独断的法。

第三，学生自治能辅助风纪之进步。我们的行为，究竟应该对谁负责？对于少数教职员负责呢，还是要对于全校负责呢？按着旧的方法，学生有过失，都责成少数职员监察纠正。其弊病有两种：第一种是少数教职员在的时候，就规规矩矩，不在的时候，就肆行无忌；第二种是大家学生以为既有职员负责，我们何必多事，纵然看见同学为非，也只好严守中立。这是大多数的学生所抱持的态度。所以一人司法，大家避法。我们要想大家守法，就须使各人的行为，对于大家负责。换句话说，就是要共同自治。

第四，学生自治能促进学生经验之发展。我们培植儿童的时候，若拘束太过，则儿童形容枯槁；如果让他跑，让他跳，让他玩耍，他就能长得活泼有精神。身体如此，道德上的经验又何尝不然。我们德育上的发展，全靠着遇了困难问题的时候，有自己解决的机会。所以遇了一个问题，自己能够想法解决他，就长进了一层判断的经验。问题自决得越多，则经验越丰富。若是别人代我解决问题，纵然暂时结束，经验却也被旁人拿去了。所以在保育主义之下，只能产生缺乏经验的学生，若想经验牢富，必须自负解决问题的责任。

学生自治如果办得不妥当就要发生这几种弊端：

第一，把学生自治当作争权的器具。大凡团体都有一种特别的势力，这种势力比个人的大得多。用得正当，就能为公众尽义务；用得不当，就能驱公众争权利。学生自治是一种团体的组织，所以用得不妥当的时候，也有这种危险。

第二，把学生自治误作治人看。这个危险是随着第一个顺路下来的。有的时候，这也是个自然的趋势。因为有了团体，一不谨慎，就有驾驭别人的趋势。刘伯明先生说："人当为人中人，不可仅为人上人。"这句话，是我们共和国民的指南针。

第三，学生自治与学校立在对峙地位。学生自治会与学校当有一种协助精神，不可立在对峙的地位，但是办得不妥当，这种对峙的情形，也是免不掉的。不过这是一种很不幸的现象，不是师生之间所宜有的。

第四，闹意气。学生有自治的机会，就不得不多发言论，多立主张，多办交涉，一不小心，大家即刻闹出意气；再由闹意气而彼此分门别户，树立党帜，于是政客的手段，就不得不传到学校里来了。

以上所举的，不过是几种重要的弊端；至于小的弊端，一时难以尽举。总之，学生自治如果办理不善，则凡共和国所发现的危险，都能在学校中发现出来。但是我们要注意，这许多弊端都是办理不妥当的过处，并非学生自治本体上的过处。如果厉行自治的时候，大家不愿争权，而愿服务；不愿凌人，而愿治己；不愿对抗，而愿协助；不愿负气，而愿说理，那么，自治之弊便可去，自治之益便可享了。这种利害关头，凡做共和国民的都要练习。我们在学校的时候，有同学的切磋，有教师的辅助，纵因一时不慎，小有失败，究竟容易改良纠正。若在学校里不注意练习，将来到了社会当中，切磋无人，辅导无人，有了错处，只管向那错路上走，小而害己，大而害国。这都是因为做学生的时候，没有练习自治所致的。所以学生自治如果举行，可以收现在之益；纵小有失败，正所以免将来更大的失败。

规定学生自治范围的标准。学生自治的利弊，既如上所说，现在就要问学生自治有什么范围? 规定学生自治的范围, 应有若何标准?

一、学生自治应以学生应该负责的事体为限。学生愿意负责, 又能够负责的事体, 均可列入自治范围; 那不应该由学生负责的事体, 就不立该列入自治范围。因自治与责任有连带关系, 别人号令而要我负责, 就叫做彼台; 别人负责而由我号令, 就叫做治人; 都失了自治的本意。所以学生自治, 立以学生负责的事为限。

二、事体之愈要观察周到的, 愈宜学生共同负责, 愈宜学生共同自治。

三、事体参与的人愈宜普及的, 愈宜学生共同负责, 愈宜学生共同自治。

四、依据上列三种标准而定学生自治的范围时, 还须参考学生的年龄程度经验。

学生自治与学校的关系。学生自治会是学校里面一种团体, 自然与学校有密切的关系。这种关系, 可以分为两类: 一、关于权限的, 二、关于学问的。

一、权限上的关系。学生自治会正式成立之后, 学校里面的事体, 就可分为二部分: 一部分仍旧是学校主持, 一部分由学生主持。平常的时候, 权限固可以分明; 不过既在一个机关里面, 总有些事体划不清楚的。既然划不清楚, 就不能不有一种接洽的机关, 使两方面的意思, 都可以发表沟通, 而收圆满的效果。此外还有临时发生而有关全校的事体, 学校与学生都宜与闻, 更不得不有一种接洽的机关。人数少的学校, 可由校长直接担任; 人数多的学校, 可由校长指定教职员数人担任。学生自治会职员有事时, 即可与他们接洽; 而学校有事时, 也由这几位和学生接洽。有这种接洽的组织, 然后学校与学生声气可通, 就没有隔膜的弊病了。

二、学问上的关系。天下不学而能的事情很少, 共同自治是共和国立国的根本, 非是刻苦研究, 断断不能深造。我们举行学生自治的时候, 也要把他当作一个学问研究。既要当一个学问研究, 那就有两点要注意: 一、同学的切磋, 二、教员的指导。有人说, 现在中国的教职员对于学生自治问题, 素未研究, 恐怕未必能指导。这句话诚然, 但是还有些意思要注意: 一、学校里所有的功课都有教员指导，独于立国根本的学生自治一门却没有指导，似乎把他太看轻了。二、若校内没有相当的人，办学的就应当赶紧物色那富有共和思想自治精神的教员，来担任此事。三、师生本无一定的高下，教学也无十分的界限；人只知教师教授，学生学习；不晓得有的时候，教师倒从学生那里得到好多的教训。所以万一找不到相当的人才，就请教职员和学生共同研究也好。总而言之，学生自治这个问题，不但要行，而且还要研究。研究的时候，学校不能不负指导参与的责任。

学生自治与学校既有这两种密切的关系，我们就须打破一切障碍，使师生的感情，可以化为一体，使大家用的力量，都有相成的效果。大家一举一动都接洽，有许好商量，有贡献彼此参与。在这共和的学校当中，无论何人都不应该取那武断的、强迫的、命令的、独行的态度。我们叫人做事的时候，不但要和他说"你做这件事，你应该这样做"，并且要使得他明白"为何做这件事，为何这样做"。彼此明白事之当然，和事之所以然，才能同心同德，透达那共同的目的。

施行学生自治应注意之要点。现在各学校对于学生自治，多愿次第举行，我悉心观察，觉得有几件最要紧的事件，必先预为注意，方能发生美满的效果。

第一，学生自治是学校中一件大事。全体学生都要以大事看待他，认真去做；学校旦也须以大事看待他，认真赞助，若以为他是寻常小事，不加注意，没有不失败的。

第二，学生自治如同地方自治。地方自治之权，出于中央；学生自治之权，出自学校。所以学生自治，虽然可以由学生发动，但是学校认可一层，似乎也是应有的手续。

第三，学生自治之有无效力，要看本校对于这个问题是否有相当了解和兴味。如果大家都明白他的真意，都觉得他的需要，那么，行出来必能得大家的赞助。所以未举行学生自治之前，必须利用演讲、辩论、谈话、作文等等养成充分的舆论。

第四，法是为人立的，含糊误事，故宜清楚；繁琐害事，故宜简单。

第五，推测一校学生自治的成败，一看他的领袖就知道。所以要提高学生自治的价值，就须使最好的领袖不得不出来服务。如果好的领袖洁身自好，或有好的领袖而大众不愿推举，都不是自治的好现象。

第六，学校与学生始终宜抱持一种协助贡献的精神。

第七，学校与学生对于学生自治问题，须采取一种试验态度。章程不必详尽，组织不必细密；一面试行，一面改良；虽然中途难免受到挫折，但到底必有胜利。

结论。总之学生自治是共和国学校里一件重要的事情。我们若想得美满的效果，须把他当件大事做，当个学问研究，当个美术去欣赏。当件大事做，方才可以成功；当个学问研究，方才可以进步。这两种还不够。因为自治是一种人生的美术，凡美术都有使人欣赏爱慕的能力；那不能使人欣赏的，爱慕的，便不是真美术，也就不是真的学生自治。所以学生自治，必须办到一个地位，使凡参与和旁观的人，都觉得他宝贵，都不得不欣赏他，爱慕他。办到这个地位，才算是高尚的人生美术，才算是真正的学生自治。

（1919年）

导读 陶行知先生所认为的活的教育是活的教师以活的方法培养活的学生的过程。活的教育包括生活的教育、创造的教育、精神的教育等多个内涵。

活的教育

教育可分为三部：

A. 死的教育；

B. 不死不活的教育；

C. 活的教育。

死的教育，我们就索性把它埋下去，没有指望了！不死不活的教育，我们希望它渐渐地趋于活。活的教育，我们希望它更活！

我今天且讲这活的教育。什么叫作活的教育？活的教育是什么？这个问题本来是很大的，我不容易下定义，我也不能定概观。不过我总觉得活的一字，比一切什么字都要好。活的教育，更是教育中最不可少的现象。比譬：鱼在岸上，你若把它陡然放下水去，它的尾和鳍，都能得其所在，行动不已。鸟关在笼里，你若把它放到树林里去，它一定会尽其所能，前进不已。活的教育，正像鱼到水里鸟到树林里一样。再比譬：花草到了春天受了春光、太阳光的同化和雨露的滋养，于是生长日速。活的教育，好像在春光之下，受了滋养料似的，也就能一天进步似一天。换言之，就是一天新似一天。

我现在把这活的教育，再分做三段讲：

我们教育儿童，第一步就要承认儿童是活的，要按照儿童的心理进行。比方：儿童性爱合群，有时他一个人住在那地方，觉得有点寂寞的样子，在那儿发闷！我们就要找个别的小孩子同他在一块儿玩玩。普通儿童之特性，大多都富于好奇心。当他还不知道说话和走路的时候，他时常手舞足蹈的，跃跃欲有所试的样儿，忙个不歇。这可就是他的好奇心了。假若我们要弄些什么东西给他玩，他一定玩那好看的，不玩坏的。他起初间或也还可以拉杂的玩一路，后来知道好，他就只专玩好的了。在这里拿一点，在那里拿一点，只要与他合意，他一定非要不可。有时我们要是给他一个表，他必定将它翻来覆去的仔细观看，他并且还要探知里面的秘密，就打破沙锅问到底。我们同小孩子玩的时候，假以木筷搭个架子，小孩子看着，必定以为很好玩。后来我们忽然把它推倒，那小孩子就更以为好玩了，欢喜了。假若我们再进一步，以这架子，不由我们推倒，让小孩子自己去推，那么，这时小孩子的欢喜，我敢断定更比从前要欢喜得多了。诸如此例，我不能细举。还有一件最紧要的，就是 我们如果承认教育是活的，我们教育儿童，就要根据儿童的需要的力量为转多。有的儿童天资很高，他的需要力就大些；有的儿童天资很钝，他的需要力就小些。我们教育儿童，就要按他们的需要的力量若何，不能拉得一样。比方 吃饭。有的人饭量大些，他要吃五碗或六碗；有的饭量小些，他只能吃一两碗。我们对于他，就只能听其所需，不能定下死规。要是我们规定了，比如吃两碗的定要逼他吃五碗才及格，那么，这一定就要使人生病了！学校里教育儿童，也像这样，不能下死规强迫一律，不但学校是要如此，就是社会上的工作亦莫不要像这样。我们人的需要力，有大有小，我们只求其能够满足他的需要就是了。所以教育儿童和承认儿童是活的，首先就要能揣摩儿童的心理。

儿童不但有需要，并且还有能力。他对于种种事体的需力有大小，他的能力亦有各种不同。男女遗传下来的生理不能一样，他们的能力亦不能一样。我并不是说女子比男子差些，我是说男女各有各的优点。就是男子与男子两相比较，亦有许多相异的能力，有因年龄不同的；有因环境不同的；有因天性不同的。由这许多的不同，所以其结果的能力，就大有差别。我们教育儿童，就要顺导其能力去做去。比如：赛跑，这就是一件凭能力的事。我们认定几个人同时同地立在一块，听指挥者发号令，就一齐出发，让他们各凭充分的能力自由前进，不加限制，然后谁远谁近，自可显见。而他们的能力的大小，也就由此可以证明了。设使我们要是下个定规，规定三人赛跑，跑一百二十码或二百四十码，快慢都要一样，不许谁先谁后，那么，那个能力充足能跑二百四十码，他自然是很舒畅，不甚为难；而那只能跑得六十码或一百二十码的，他一定是很苦的了，甚至还要受伤呢！这是从运动方面着想的，至于教授方面，亦多类此。设有许多儿童，同在一堂，当教授的人，就要按照各个儿童的能力去教授。要是规定了今天讲一课，明天讲一课，每课虽是都一字一句的分析解释，在那天资聪颖的小孩子咧，他固然能够领受到他的脑袋里去，并且还有闲空；若在那秉忄鲁笨的小孩子，那就等于对牛弹琴了，一些儿也不懂得。这种教育，正像规定三人赛跑一般，还能算得是活的教育吗？我们现在既是想讲活的教育，就要知道儿童的能力是不相同的，我们要设法去辅助他，使他能力发展，有如我们看见某处一个学校园，那里内的花卉长得非常整齐好看，我们心下羡慕他，我们也就可以仿照他，将我们自家的学校园也培植得像那一样。这是培植花园的方法，办教育也是如此。我们大家设若不相信，恐怕做不到，我们可再看。譬如有一块草地，那地上所生长的草，都是参差不齐的，我们若任它自然去生长，那就越长越不齐了，假若我们要用机器把它逐次地推铲，那么，这一定要不了多少工夫，就会使它平坦了。我们办教育，也就像推草一样，也要用方法去使之平，这是对于草是这样——对于普通的儿童是这样；若对于树木——对于天资特敏的小孩子——那就不行了。树木的生长力强些，他的性子也猛些，我们对于他，也要按其能力去支配他，使其生长适度。若任其自然生殖，则其枝干必日渐伸张，后来越长越高，甚至把屋棚都要捣破了！学校里起风潮，就像大树捣毁屋棚，是一样的，都是由于办教育的人，平日对于这教育的趋向没有注意，对于那天资高尚的儿童，没有按得其能力云教育，这就是我们没有承认儿童有活的能力。

活的小孩子与死的小孩子有不同的特点。小孩子他所吃下去的滋养料不同，他们所受的利益也就不能一致。活的小孩子、他秉性活泼些，他对于一切的事实上，也就进步得快些。死的小孩子，他的脑筋滞钝些。并不是说小孩子的确是死的，是言其能力不能有多大的发展，虽活也等于死的一般。我们办教育的人，总要把小孩子当作活的。莫要当作死的。地球看起来，好像是个不动的东西，其实他每天每时都在旋转不已。小孩子也同这样。表面二看起来，也好像是很平常的，没有什么进益，其实他的能力知识，莫有一天不在进行中求活。我们就要顺着他这种天然的特性，加以极相当的辅助和引导，使他一天进步似一天，万不能从中有所阻碍或滞停，不使前进，把他束缚了起买。束了若干时，然后又陡然把他解放掉，这一定要受危险的。这好像人家有个小孩子，他把他在今年做了一件衣服，等到五年后，他还拿给这小孩子穿，那小孩子体干长大了，衣服小了，以这小的衣服去给大的孩子穿，那衣是一定要破裂的。纵或可以勉强穿得上，而小孩子的身体，也就束缚得急急的了，血脉也就不能调和，就要生病了！由此可知小孩子的衣服，是年年要换的，小孩子的知识学问，也是年年天天要换的。现在没有一个人，忽然妙想天开，他说："我有个小孩子，我不要他年年换衣，当他还只有五岁的时候，我就把他做件十六岁时候的衣服，周身都把他绉起来，年年穿，年年放，一直放到十六岁的时候，都还可以穿。"这个法子，勉强一看，觉得也还不大坏，并且又很经济的，但是仔细看来，那就觉得不像了，就是精神上也有点不好看。古时的衣服，不能适合于现在；现在的衣服，未必又能适合于将来！时势的变迁，是有进无已的，办教育的，就要按着时势而进行，依合着儿童的本能去支配。有许多教科书，在从前要算是很新很适用的，在现在却变成了腐败不堪了。我们讲活的教育，就要本着这世界潮流的趋向，朝着最新最活的方面做去。中国教育最大的毛病，就是不能普及。从前俄国的西伯利亚也是这样，但比较中国要好些。中国社会上失学的人，也不知有多少，就以普通人民计算，总有三分之一不识字的。我们现在要想将这些人重新给以教育，那除非要从国民一年级教起。但是他们都是壮年的居多，要是都放在国民一年级教，那又好像十六岁的孩子穿五岁时候的衣服了。这种教育，可算得是死的教育。活的教育就不能这样了。活的小孩子，他生长快，他的进步也快，他一时有一时的需要，一时有一时的能力。当教育家的，就要设法子去满足他的需要，就要搜罗相当的材料去培植他。这就是我们所讲的活的教育第二件。

我现在再讲活的教育要些什么材料。这材料也可以分做三段说：

一、要用活的人去教活的人。我们要想草木长得茂盛，就要我们天天去培植他，灌溉他；我们要想交结个很活泼的朋友，就要我们自己也是活泼的。我的影响，要能感到他的身上，他的影响，也要在我身上，这才可以的。比如：我俩起先是不相识的，后来遇到了好几回，在一块儿谈了一次，于是两下的脑筋里都受了很深的影响，两下的交情，也就日渐浓厚了。当教员的对于学生也要这样，也要两下都是活的，总要两下都能发生的密切的关系。教员的一切，要影响到学生身上去，学生的一切，要影响到教员身上去。一个会场有的人好谈话，有的人好笑，我们看了心下一定也会生了一种影响。比如：我一人在台上讲演，大家都坐在下面听，我的脑筋中已经印象了许多听讲的人，想大家的脑袋中，也会印象到了我讲演的人，这也就是一种活的表现。活的教员与活的学生，好像汽车一样，学生比譬是车，教员比譬是车上司机器的，机器不开，车自然不动。教员对学生，若不以活的教材去教他，他自然也就不能进步。现在的教员，不像从前了。他像把汽车上机子开了，车子在跑了。但是还有些教员，他的性子未免太急，他把车上的机器开猛了一点，车子行得太快，刚刚要想收机，忽然前面碰到了石头或其他的人，这时就要发生很大的危险了。活的教员，正同司汽车的一般，要把眼睛向前看准了。若闭着眼睛乱开机，那就要危险极了！学生向前进，教员也要向前进，都要一同并进。若徒以学生前进，而教员不动，或者学生要进而教员反加以阻碍，这可谓之死的人教活的人，不能谓之活的人教活的人！

二、拿活的东西去教活的学生。我们就比如拿一件花草来教授儿童，将这花草把他解剖开，研究其中的奥妙，看他是如何构造的。小孩子对于这事，觉得是很有趣味的。我们能以这种种东西去教他，不但能引起他活泼的精神，并且还可以引起他的快乐。我们还可以拿活的环境去教他，比方沙漠本是干燥的，我们可以设法使他出水；大海有时候变成陆地；太平洋里航船到美洲，本不大便利，于是就有人开了巴拿马运河；火车行山路不便，就会把山打个洞。这就是拿活的环境去作教育上材料的。文化进步，是没有止境的，世界环境和物质的变化，也是没有一定的。活的教育，就是要与时俱进。我们讲活的教育，就要随时随地的拿些活的东西去教那活的学生，养成活的人才。

三、要拿活的书籍去教小孩子。书籍也有死的有活的。怎样是活的书籍？我觉得书籍所记载的，无非是人的思想和经验，那个人的思想、经验要是很高尚的，与人生很有关系的那就可算是活的书籍。若是那著书的人思想、经验都没有什么价值，与人生没有关系，那就是死的书籍。我们教授小孩子，对于书籍的死活，就不能不慎重，所教授的书籍，要有统系的，前后都能连贯得起来，不是杂乱无章的，这才是活的教育。若只知道闭着眼睛教死书，也不顾那书适用不适用，这样我敢说就是死的教育。我们教授儿童的书籍，好像人家传财产样，普通有两个常法子：（甲）是传财的法子。比譬一家，他的家主不愿管事（或临死时）了，要把家事完全推及小家主，将所有存蓄的银钱，都要对小家主说个明白，叫他慎重。（乙）是传产的法子，就是有本账簿子，说我所有的产业，都登在这账上面。那天那家主把他的后人带到各田庄上去看，说是某田是租给某人的，某庄子是某人承租的，那块山场是由某人保荐的，某处房屋是谁租着做什么事的，这样一件一件地指示给他看了，又与他那账簿子再对照一下。那么，这个财产的根本，他那小家主已经明白了，这笔家私，就没有人能够会糊倒他占得去了。我们办教育的、传文化的人，也是这样，也要把书籍像传财产一样，要把所教授的东西，都能使他领会得到，能连贯得起来，使小孩子的脑筋有个统系，不致混乱，这种教育才配说是活的。从前有许多讲教育的，没有统系。所以使一般学生听了，只是囫囵吞枣，一点不能受益，这也就是死的教育，不是活的。活的教育要拿活的书籍去教，现在还有许多教员先生们，他买书籍还不十分注意，当他初当教员的时候，也还肯买一两本书看看，到了后来，他不但不买，连从前所有的几本书，都借给人去了。这样教员，教育界中也不知道有多少，他既不能多买书看，对于一切新知识，他自然是不知道的。他既不能有新的知识，那一定没有新的教材能供给学生，只是年年爬起来卖旧货！这种教育中的败类，真不知害了多少青年。我们现要希望教育成活的，当教员的就要多看书——多看些活的书——好去供给学生的需要，养成新而且活的学生——这就是我讲的 Education of life（生活教育）。

现在要讲到活的教育的方法，我可提出两个最时髦的法子就是：

（一）设计教授法。活的教育，最好而且最时髦、最紧要的，就是总要有个目的。这我在上面也曾说到了一点。我们教授儿童，先要设定一个计划，然后一步一步地向着所计划的路上去做，若是没有个计划，那就等于一只船放到了江中没有舵，进退左右，都没有把握！倘不幸遇了一阵大风，那一定逃不了危险的！办教育的人，要能会设计，预知学生将有风潮，就先要设一方法，使那风潮却从无形中消灭，不致使他发泄。知道学生程度不齐，就要设一种计策，使之能齐，总期各方面都无损，且能获益。这种设计，各学校的情形，各有各的不同，各地方亦有各地不同，这可听大家因时制宜，我不能断定。

（二）依计划去找实现法。这个方法大致是根据上面来的。我们订了一个计划，不能就算了事的，必定还要依照这计划去实行去。我现在可拿个浅近的事作个比譬：就如农人种豆子，他先也要订个计划，以几亩田能要几多种子，要多少肥料，又要多少人工去做，要经多少时期才能完工；什么地方种绿豆适宜些，什么地方种黄豆适宜些，还有甚地不适于种豆子，适于种山芋。这样计划了一番，然后兴工动作，按这所计划的进行，这必定是有条有理，不致乱忙；而所收的结果，也一定是很丰厚的。由此类推，办教育亦莫不是这样。一个学校，也先要订个计划，然后去依计划实行，例如哪级学生，今年应当注意什么功课，某级学生今年应当添什么功课和减什么功课，某教授教授法不好应当怎样。能这么一样一样的计划好了，然后又按照这个进行，那个学校没有办不好的道理。推之修桥修路和其他种种建设，都能依着这样进行。求到所希望的目的，那么，天下事绝没有不可能的。现在我看有许多地方，他一开个什么会，他预先没有计划。到了临时开会了，不是招待员左右乱跑，就是会场上布置得不周全，往往令来宾有兴而来，败兴而归，这都是由于预先没有一定的计划。俗语所谓："平时不烧香，急时抱佛脚。"这事决不会办得好的。我们谈教育的，就是在这上面注意注意。无论是办大学也好，中学也好，国民小学也好，总要预先有个计划，然后依着计划去找实现。有时计划定得不子应随时变更。比如：我们讲化学，今天就要计划明天化学堂上要些什么东西试验。我们预先就要预备好着，省得临时仓皇失措。诸如此类我也不必多举。我总觉得设计教授法是活的教育上最不可少的，依计划去找实现法，那更是一件要紧的事了。这就是我所讲的Education by life（根据生活而教育）。

我现在又要讲我们为什么要讲活的教育。因为活的教育，能使我们有种种活的能力。我们人生有高尚的，有低微的；有暂时的，有永久的；有完全的，有片面的。我们要使暂时的生活，能够叫他永久；片面的生活，要使他能完全；低微的要使他高尚。怎样叫作完全？我们在国家是公民，在社会上有朋友亲戚，在家庭里有父母兄弟姊妹，在学校里有同学，有师长。我门一生，对于自己，对于各方面都要顾到。如果一方面不能顾到，这还是片面的。怎么叫作高尚的？我觉得人们的身体和精神是两样的，各有各的生活。身体上的生活，固然要紧，精神上的生活也是要紧的。设使两者要去其一，那就是我们最不幸的一件。我们总要使得我们的身体、精神，都是很健全的、愉快的。这可就算是高尚的生活，反之就是低微的生活，都是有关系于教育上的。再，怎样谓之永久和暂时的生活？我们人的寿命有长短不一，有二三十岁就死的，有七八十岁才死的，有十几岁就死的，也有八九十多岁才死的。说者多谓生死有定，但这可不能为凭。我想人的生命的长短，大致是关系于人的操作和卫生上的。从来人的死，多是由病的。考病之由来，不外两种：（一）是由人的操动过度致伤身体而殒命。（二）是由人的卫生上没有讲求，以致生出了许多毛病，终至因而送命。决没有无病无灾而好好就会死的。纵有，也是很少很少的，但亦必定有其他原因。要说人的生死有定，何以人不好好的就死，而偏要生病才死咧？这种无稽之谈，我是不盲目崇拜的。我觉得人的生活，所以有暂时和永久的，都是根据于卫生和操作的关系。我们现在讲活的教育，就要明白这种关系，然后好去预防他，保护他，谋永久的生活。我在上海、南通参观各工厂，有许多六七岁的小孩子，都跟在他的母亲父亲身边下做工，我看他们那些小孩子，都是倦瘦的，精神也很衰败的。这都是那些贫民没有钱给儿童受教育，国家亦没有钱能办这种义务教育。有些资本家倒是很有钱的，但他只知道营业获利，不肯拿钱来办这可怜的教育，所以那些小孩子就没有机会受教育，只得附随其阿父阿母做工以度日。五六岁的小孩子，尚有许多生理器官还没有长完全，现在竟居然要他工作，这种不适宜的使用，一定会使那小孩子身体不得强健，甚至还要早死的。譬如树上的果子，还没有成熟，你就把他摘下去吃，那是一定吃不得的。小孩子还没有成人，就要使用他，他的前途一定是很有限的，将来一定要发生危险的。像这样只顾眼前不顾后来，就可谓之暂时生活，不是永久的生活。现在讲活的教育，就不能不注意这一层。

　　活的教育，有属于抽象的，叫作精神上活的教育。比方一个人死了，他的机能死了，他的躯干倒了，他的精神是没有死，还存在空中，能使我们还受到他的影响。这也似乎是种渺茫之谈，我本不敢怎么样的贡献于大家，因为各个人的观念不同。但是，有时我觉得大家也可以公认这话有点的确。例如：孔子是死了，他的精神还没有死，其影响存在我们大家身上。我们大家的脑袋中都还印象了有个孔子。历来许多大英雄、大豪杰，他的身子虽已腐化了，但他的勇气、毅气，还是贯传着，在我们大家的脑海中。这也就是精神上还没有死。他的精神可以一代一代的向下传，可以传许多人，不只传一人。一个活泼学生的精神，可以传应到许多学生。比如：我的精神传应着在大家身上，也可以传应到社会上去，这种传应，并是很快的。我们讲活的教育，对于这精神上的传应，也要注意，也要求活的精神。精神也有死有活的，活的精神，就是能使人感受了他，可以得到许多的教训。社会一日不死，各方面的精神专应，也是不死的。我觉得社会上受了这种精神的教育，也不知道有多少。这精神上的教育，最易感动人的，能连络一切。我从前有许多朋友住在一块，言来别了好多年，没有见过面，形式上要算疏忽了，但是精神上还是没有分离。这就是一种活的精神的表现。我希望讲活的教育，也要把这活的精神当作活的教育里一件材料，这就是我讲的Education for life（为了生活而教育）。

（1922年）

导读 谈教育的机会与责任，本应该先谈责任再谈机会，责任是机会的前提，或许是陶行知所生活的时代教师多能尽责，所以陶行知在本文中只是少谈责任，多谈机会。希望我们当下的教育也能够建立在师者尽责的前提之下。

教育者的机会与责任

今天我讲题是教育者之机会与责任，但是今天到会的，除教育者外，又有受教育的学生，提倡教育的办学者。我这题目，和上面种种人有什么关系呢？我想，学生对于教育发生的影响，自己首当其冲，自然要去看看教育者是否已经利用他的机会，尽了他的责任。办学者是督察教育者的人，更有急需了解教育者的机会与责任的必要。所以我这演讲，实在是以上三种人都应当注意的。

先从机会方面讲。教育者应当知道教育是无名无利且没有尊荣的事。教育者所得的机会，纯系服务的机会，贡献的机会，而无丝毫名利尊荣之可言。他的机会，可分四种：

（一）有可教之人；

（二）可教者而未能完全教；

（三）可教者而未能平均教；

（四）已受教而未能教好。

以上四种，都是予教育者以实施教育的机会。且先就第一种讲：

第一种是因为社会上有许多可教之人，所以教育者才能实行他的教育，倘若无人可教，则教育者就失其机会而无用武之地了。孔子曰："生而知之者上也。"美国某哲学家，对于他这句话很有怀疑，他反驳孔子说："生而知之者下也。"可是他的话确乎也有根据，譬如最下等的动物——细胞，彼从母体脱离后，凡彼母亲会做的事，彼都会做。再推到小牛，彼虽然不似细胞那样快，但是不用隔多时，举凡彼母亲的事，彼也会做了。小猴子却又不同，彼有几个月要在彼母亲的怀里，因为彼又是较高于小牛的动物。人又不然了。人在小孩子的时期，最早要候二三年后，始能行动，后来又慢慢由幼稚园——至于大学，去学他的技能，以做他父亲会做的事。总之，幼稚时间长，所以可教；教育者的机会，也是因为有可教的小孩子啊！

第二种是说可教的人没有完全受教。如中国有四万万之众，照现在统计表计算，只有五百四十万个学生，换言之，只有一百分之一点五是学生；一百人之中，能受教育的只有一个半人。这一百分之九十八点五的不能受教育者，都打着我们教育者的门，并且告诉我们说："现在是你们的机会到了。有一个人不入学校，就是你们还没有实行你们的机会。"

第三种是就受教的人说的。中国现在受教有三桩不平均的地方：(1) 女子教育；(2) 乡村教育；(3) 老人教育。

第一桩，女子教育在中国最不注重。中国全国，有一千三百余县没有女子高等小学；又有五百余县没有一个女学生。若照百分法计算起来，男学生占学生中百分之九十五，女子却只占百分之五；以家庭论，一百个家庭，只有五个是男女同受教育——好家庭了。所以为家庭幸福计，男女都应受同等的教育。女子教育的重要有三：

甲、女子同为人类，自应有知识技能，去谋独立生活。譬如四万万根柱子擎着大厦，设若有二万万根是腐朽——不能用的木材，则此大厦必将倾倒，这是很明显的例子。——所以女子必须受教育，去共同担负社会的责任。

乙、女子富于感化性，能将坏的男子变好，并且可以溶化男子的性情与人格。诸位不信，请看看你们的亲友，定可得着个很显著的证明——所以欲使男子不致堕落，非从女子教育着手不可。

丙、女子受教育，必定十分顾及她子女的教育，不似男子的敷衍疏忽。——所以普及女子教育，不但可以收家庭教育的好果，并且可以巩固子孙的教育啦！

第二桩，不平均是城乡学校的相差，城里学校林立，乡下一个学校都没有。以赋税论，乡下人出钱，比城里人多些；他们的代价，至少也应当和城里平均，才是公允的办法。故乡村教育，应为教育者所注意。

第三桩，是小孩子可以受教育，而老年人则无受教育之机会。一班教育者，也只顾及小孩子的教育，对于老年人很少加以注意，这也是件不平均的事。中国现在内外交乘，社会多故，如若候着那班小孩子去改造，非待二三十年后不能奏效。所以欲免除目前的危险，必须兼顾着老幼的教育。

许多女子，乡村人，老年人，都打着我们教育者的门，如求雨一般的哀求我们放他们进来。这也是我们的机会到了！

第四种机会，是因为小孩子虽然受教，但是没有教好。如已教好，我们教育者又无机会了。没有教好者，可以分四层讲：

甲、人为物质环境中的人，好教育必定可以给学生以能力，使他为物质环境中的主宰，去号召环境。如玻璃窗就是我们对于物质环境发展的使命之一。我们要想拒绝风，欢迎日光，所以就造一个玻璃窗子去施行我们拒风迎光的使命，教讨厌的风出去，可爱的日光进来。又如我们喜欢日光和风，但是想拒绝蚊蝇，所以又造了一种纱窗去行我们的使命。这种使命，并非空谈，因为我们有能力确可使这些自然的环境，听我们调度。故学校应给学生使命环境的能力，去作环境的主宰。以上不过是表明人对付环境的两个例子。

水也是自然环境之一，但是不能对付彼，常常为彼所戕杀。如去年门罗博士到苏州参观教育，同行有四位女学士。过桥的时候，女学士的车子忽然翻落桥底；当时船家和兵士都束手无策，等到想法捞起，已经死了一个。我们从这件事，得着一个教训，就是"学生、船夫、兵士都不会下水"，以致人为自然环境的"水"所杀。

人在青年时发育最快。身体的发育，犹如商人获利一样。可是商人获利是最危险的事，偶一不慎，当悖出如其所入。我们青年生长时，亦有危险。学校讲求体育，应问此种体育是否增加学生的体健，使他们不致有种种不测之事发生？

这种学生的父兄，也带了他瘦且弱的子弟，打我们教育者的门，厉声问我们教的是什么教育？

乙、人不但是物质环境中之一人，也是人中之一人。人有团本，有个人，在这团体和个人中，便发生相对的关系。此种关系，应互相联络，以发展人性之美感。在此阶级制度破产时，我们绝不承认社会上还有什么"人上人"、"人下人"，但是"人中人"我们是逃不掉的。我们既然都是人中之一人，那么，人与人自然会有相互的关系了。这种关系，能否高尚优美，尚属疑问。且就现在的选举说吧，被选人手里执着些洋钱，选举人手里执着一张票，他们所发生的关系，是洋钱的关系，选举的关系罢了！这种关系，能合乎高尚的条件吗？

再看留学生的选举如何？记得从前中央学会选举时，自称为博士、硕士的留学生，不也是一样的舞弊吗？其他如大学毕业生、中学毕业生以及未毕业的中学生，他们又是怎样？他们为什么拿着清高的人格，去结交金钱？去结交政客？做金钱的奴隶？做政客的走狗？这样的学生，对得起国家社会吗？对得起父母吗？对得起自己的人格吗？

国家、社会、父母，都带着他的子孙，打我们教育者的门，骂我们为何太不认真，以致教出这种子弟！

丙、好教育应当给学生一种技能，使他可以贡献社会。换言之，好教育是养成学生技能的教育，使学生可以独立生活。譬如社会上的农夫、裁缝、商人、工人、教员……他们都有贡献社会的技能，他们各人贡献他们所做的事，可以使社会得着许多便利。倘若有一个人没有能力，则此人必分大家的利，而造成社会的恐慌了！所以教育的成绩，就是"技能"；教育就是'技能教育"。——且拿现在的师范生做个譬喻：现在师范毕业学生只有十分之八可以服务，十分之一可以升学，其余的十分之一，却做了高等游民了。再看中学毕业生，也只有三分之一可以服务，三分之一可以升学，其余三分之一，也就做了游民了！但是他们虽然不能服务，倒不惯受着清闲的日子，反做出许多不正当的事业，实在危险啊！

这种游民式学生的父兄，也打着我们教育者的门，问我们何以教出这种不会做正当事的子弟？并且教我们重新改过课程，使毕业的学生皆可独立。

丁、人不能没有休息，但休息是人最险之时。人无论怎样忙，都没有损害，倘若休息，则魔鬼立至。我们可以看出社会上许多恶事，都是在休息时候做的。所以学校里有音乐，便是给学生以正当的娱乐，使学生不致在休息时间做出恶事。可是学生回到家里，既无教员同学和他盘桓，又没有经济设置音乐去助他的娱乐，难免不发生其他的事来。所以学校应当使学生在休息时有正当的愉快。

这又是我们教育者的机会了！

总之，以上皆是我们教育者的机会。平常人对于机会怎样对待呢？大约可以看出四种情形来：

（A）候机会　有一班教育者天天骂机会不来，好像穷妇人想发财一样，但是机会不是观望的，所以等着机会是极愚拙的事，可以料定永远不会收着成效的。

（B）失机会　又有一班教育者，他明明看见机会来了，等到用手去捉彼，彼又跑掉了。如此一次，二次，三次……仍旧不能得着机会。因为机会生在转得极快的圆盘子上，倘如没有极敏捷的手去提彼，总会失败的。

（C）看不见机会　机会是极微细的东西，有时且要用显微镜和望远镜去找彼。一班近视眼的教育者，若不利用那两种镜子，是很难看见机会的。

（D）空想机会　还有些教育者，机会没有来，到处自炫，就像得着机会一样。犹如两个近视眼比看匾，在匾没挂起来的时候，都去用手摸了匾。后来共请一位公证人去批评，他们各人述了自己的心得，公证人忍不住笑了，因为这匾还没有挂上，他们都是"未见空言"咧！

这类"未见空言"的教育者，他们一味的空想，结果总没有机会去枉顾他一次。

现在再谈谈好的教育者。我以为好教育者，应当具有灵敏的手去抓机会，并且要带千里镜去找机会，机会找着了，就用手去抓住彼——不断地抓住彼，还要尽力地发展彼。

再说一说教育者的责任。简单一句话，教育者的责任就是"不辜负机会；利用机会；能用千里镜去找机会；会拿灵敏的手去抓机会"。

办学者和学生都应当看看教育者是否利用他的机会；如果没有利用他的机会，便是他没有尽责；尽责的教育者，可以使学生发生"快乐"与"不快乐"两种感想；但是不尽责的教育者，也可以得着这两种情形，这是什么缘故？

因为教育者尽责，可以使学生在物质环境中做好人，教他学习一种技能去主宰环境。这种教育者，学生对于他有合意的，有不合意的。合意者不生问题，不合意的学生只请他认定教育者是否教我们做一个好人。如是，那我们就应当忍耐着成全这教育者的机会。设若教育者不负责——辜负了机会——不使学生求学，我们这时候，应当知道学生有好有坏，教育者也有尽责与不尽责，不尽责的教育者常为坏学生所欢迎，同时也被好学生唾弃。做好学生、好教育者，更应当对于坏教育者、坏学生，加以严厉的驱逐，使这学校成为好的学校。

这桩事，无论是教育者、学生、办学者，皆当注意。我们不能辜负这机会与责任，自然要奋斗。攻击坏教育者、坏学生，是我们不可不奋斗的事——尤其是安徽不可不奋斗的事！

（1922年）

> **导读**　教育与科学的方法，即以科学的方法教育，在陶行知看来，科学的教育方法可分为五个步骤：第一步要觉得有困难；第二步要晓得困难所在；第三步有什么方法解决困难；第四步选择最为正确的方法；最后一步是实验一番。

教育与科学方法

今天所要讲的不是教育研究法，是"教育与科学方法"。就是科学方法在教育上的应用。人生到处都遇见困难，到处都充满了问题。有的是天然界给我们出题目，有的是社会给我们出题目，有的是空气、光线、花草给我们出题目。既然题目有这么多，我们应付这些问题的方法也分好几种。有的人见古人怎样解决，我们也怎样解决，这种解决是不对的，是没进步的。因为古时现象不是与今日现象一样。所以以古进今的办法往往是错的。有的人依外国的方法来解决问题：日本怎样办教育，我们也怎样办教育；德国怎样办，我们也怎样办；美国怎样办，我们也怎样办，这种解决也是不对。因为从人家发明之后，未必公开，或不愿公开。从不愿公开到公开，已经若干时间，再从公开到中国，我们刚以为新，不知人家早已为旧了。还有的人是闭门空想，自以为得意的了不得，其实仅自空想也是没用的，因四面八方的问题，不给他磨炼也是不行。此外还有一种人也不依古，也不依外，是以不了了之。像以上种种方法，都不能解决我们的问题。能解决我们的问题的，唯有科学的方法。

什么是科学方法呢？科学方法是有步骤的，是有线索的。第一步要觉得有困难。如牛顿看见苹果落地，别人不知看了几千百次，都没觉得有困难，唯有牛顿觉着有困难，所以他发现地球的吸力。教育方面也是如此。有的人上课看不出有什么问题，学风之坏也不注意，所以就不会有问题。第二步得要晓得困难的所在。就是要找出困难之点来，如一个人坐在那里发脾汗，是觉着有困难了。用什么方法来解决这个困难，这就跳到第三步。从此想出种种方法来解决。有的画符放在辫子里，有的请巫婆，有的到庙里烧香祷告，有的请医生，有的吃金鸡纳霜。有了这些法子然后再去选择，这就到了第四步。自以为老太婆的法子好，就去试一试；不能解决之后，再用其他法子，最后唯有吃金鸡纳霜渐渐的好了。但此刻还不能骤下"金鸡纳霜能治脾汗"的断语，医为焉知不是吃饭时吃了别的东西吃好的呢？所以必须实验一番，这就到第五步了。如在同一情形之下，无论中外、男女、老幼吃了都是灵的，那么，金鸡纳霜能治脾汗就不会错的。

经过这五步工夫，然后才可解决一个问题。这五步方法是科学的方法。无论是化学，是物理，是生物学，都用这个方法以解决困难。但科学方法也有几个要素：

（一）**客观的** 凡事应用客观的考查。有诸内必形诸外。在教育上的观察，就是看你的学说于学生的反应怎样？教员与学生的关系怎样？要考查一校的行政，应看他的建筑、设备怎样？如以秤称桌子，我虽不知此桌的重量，但我晓得所放的秤码是多少。

（二）**数目的观念** 凡有性质的东西都有些数量。如光（light）有性质，一般人都如此说，物理学家也说可以量的。又如灵魂是有质量的，将来也须用数量去量——如果不能，则灵魂是没有的。数量中又有两个观念：（a）量的观念。有数量就可去量，如布、米、油等。（b）要量的正确。量不正确也是无用。就是反对量的，他也在那里量，但他们用的法子很粗浅，专用一己的主观。如中国教员看卷子，有时喜怒哀乐都影响到他们定的分数。高下在心，毫不正确，这是中国人的毛病。我想不但学理化的人对于数目要正确，就是学教育的人也要正确。"差不多"三字是我国人的大毛病。与人约定时间总是迟到（但上火车总是早到）。所以孟禄调查教育时说："中国人对于数目不正确。如要改良中国的教育，非从数目入手不可。"

以上说的是科学步骤与观念，要用这步骤观念，应用到教育上去。

现在教育问题很多。从前人对于教育问题都是囫囵吞枣，犯了一种浮泛的毛病。各个人都会办教育，各个人都可做教育总长，都是教育专家。究竟教育问题是不是如此简单？还是无人不会呢？我们要知道教育在先进国里是一种专门科学，非专门人才不能去办。中国就不是如此。不过这几年还算进的快就是了。五年前南高师教育和心理都是一人担任。自我到了之后，才将教育与心理分开。一年之后，授教育学者是一人，教育行政者又是一人。这是近五六年来教育的趋势。如各人担任一个活的问题，或一人一个，或数人一个，延长研究下去，这问题总有解决的时候。若真多少年下去还不能解决，那恐非人力所能解决的了。

现时要研究的问题有教育行政、儿童、工具、课程种种。又如把科学应用到教育行政上去，课堂上教授是不是好的办法？教员、学生都太劳苦是不是有益的事情？

现在教育有两种：（1）如一个新学生坐在洋车上，叫车夫拉着拼命地跑几十里，结果自然是学生逸，车夫苦。但让学生自己再回来恐怕还是不能。（2）如一去不坐车，不识路就问警察，自然是辛苦一点，但走到回来时，包管还能回来的。兹将教育重要部分略说一说。

（一）**组织** 此时课堂组织最好的有达尔顿实验室的方法（Dalton laboratory plan）。室中有种种杂志、图画，还有导师，任学生自由翻阅，与导师共同讨论，还要每礼拜聚会一次。这种法子到底好不好？可去试验试验。把各个学生试验了，测量了，假设其情形相同，是不是可得同一的结果？然后就知究为班级制好呢？还是达尔顿的方法好？又如研究习惯究为遗传的力量大呢？还是社会环境的力量大？把一对双生的儿童授以同样教育，看他们的差别究竟是哪个大。同时以同胞生的儿童授以不同的教育，再看他们的差异怎样？

（二）**教材**　以上法子也可应用教材上去。如我们所教的字是不是学生需要的，究竟何者为最需要？何者为次要？何者为不需要？我们应来解决。现在有些需要的未有放到教科书里，有些不需要的反倒放入了。我们可以拿几百万字的书来测验，看哪一个字发现次数最多？其最多者为需要，其次多数发现者乃是次要。将发现多的给学生，而次多的暂不授予。还有一点要注意的，就是学生有一年、二年离校的，我们就得将最需要的教他。可是其中有个困难，或者最需要的字比较着难读难写些，但我们可以想去给他避免。有人说中国字难认，所以不识字的人很多，外国人也说将来怕不能与各国的文化竞争。其实不然，试看长沙青年会所编的《千字课》教授男女学生就知道了。他那里边有男生一千二百人，女生六百人，四个月将一千字授毕，每日仅费一点半钟。学生多半是商家学徒，而学生年龄以十二、十三、十四、十五、十六岁的居多。我觉着这一种办法，给我们一个好大的希望，今天拿来不过举个例罢了。

（三）**工具**　无斧不能砍木，无剪不能裁衣，无刀不能作厨子，无工具不能作教育的事业。教育工具可以从外国运的，可以从中国找的。从外国运来的第一是统计法。有了统计法我们可以比较，可以把偶然的找出个根本原理来，如同望远镜可帮助我们眼睛看的清楚，在材料中可找出一定的线索。所以统计是不可看轻的。第二就是测验。近来教育改进社要作二十四种测验，因为此种工具是不能从外国运的（就是运来也不适用）。测验是看学生先天的聪明智慧怎样？使学校有个好的标准，由此可晓得某级学生有什么成绩？如治病的听肺器一样，可以看出病来。欲知病之所在，非测量不可。测验也是如此。得要细细的看结果怎样。如办学的成绩都可测验的。但没有统计，也测不出来；没有测验，也统计不出来，二者是互相为用。如甲校一个学生花四十九元，乙校学生仅花四元半，我们就可测量他谁是谁不是。如测验得花四元半的能达到平常的标准，那花四十九元就太费了。反转过来，如花四十九元的刚好，那花四元半的未免太省了。这就是统计与测量互相为用的地方。总之，每人都存用科学方法去办教育的决心，每人都去研究或解决一个小的问题，我敢说不出二十年，中国教育准有好的成效。

（1923年）

导读　今日的中国早已经全社会推行九年制义务教育了，平民教育这种最初阶段、最低要求的教育诉求已经成为了历史，但阅读本文的目的也决不仅限于了解中国教育的历史，而应是如这篇文章原刊发时编者按所说：我们要认清平民教育的宗旨，不但是要使平民能认一千字，可以看报、记账、写信，而且要使平民略具民主国家必需的知识而可做个中国的国民。

平民教育概论

一　平民教育之效能

中国现在所推行的平民教育，是一个平民读书运动。我们要用最短的时间，最少的银钱，去教一般人民读好书，做好人。我们深信读书的能力是各种教育的基础。会读书的人对于人类和国家应尽之责任，应享之权利，可以多明白些。他们读了书，对于自己生计最有关系的职业，也可以从书籍报纸上多得些改进的知识和最新的方法。一般无知识的人对于子女的教育漠不关心，若是自己会读书，就明白读书的重要，再也不肯让自己的儿女失学。所以今日之平民教育，就是将来普及教育的先声。至于顺带学些写信、记账的法子，于个人很有莫大的便利，自然是不消说了。

二 平民教育问题的范围

中国没有正确统计，暂且以传说之四万万人估计，觉得平民教育这个问题之大，实可令人惊讶。照中华教育改进社估计，十二岁以上之粗识字义的人数只有八千万人，再除开十二岁以下的小孩子约计一万万二千万人属于义务教育范围，其余之二万万人都是我们的平民教育应当为他们负责的。这二万万人有一人不会读书看报，就是我们有一份责任未尽。

三 中国平民教育之经过

这个问题二十多年前已经有人注意了。前清的简字运动就想解决这个问题，没有多大成效。注音字母也有一部分人拿来做速成教育的工具，他的命运尚在试验中。五四以后，学生由爱国运动进而从事社会服务，教导人民，自动开设的平民学校遍地都是。虽办法不无流弊，却能引起我们对于平民教育改善的兴味。最后，晏阳初先生用一千字编成课本，在长沙、烟台、嘉兴等处从事试验平民教育，更为省钱省时。在这事之前，有毕来思先生编的《由浅入深》和唐景安先生用六百字编的课本，都能引起一部分人的注意。这都是局部的试验。去年六月，熊秉三夫人参观嘉兴平民学校之后，就偕同晏阳初先生和我们筹备中华平民教育促进会的组织，同时推举朱经农先生和我依据国情及平民需要编辑课本，并推请王伯秋先生在南京主持平民教育之试验。八月，乘中华教育改进社年会在清华学校开会之期，邀集各省区教育厅、教育会代表到会讨论进行方针及计划。中华平民教育促进会总会即于此时成立。十月开始推行，离现在为时不过九个月，已推行到二十省区，读会《平民千字课》的人民已有五十万人。由此可见，全国对于平民教育有极热烈的欢迎和极浓厚的兴趣。

四　平民教育现行系统

中华平民教育促进会总会是个全国的总机关，有董事部总其戎。董事有两种：一为省区董事，每省区二人；二为执行董事，一共九人，推举在京之会员担任。董事部聘请总干事担任进行事宜。

总会之下，有省、县、市、乡平民教育促进会分会，管理一省、一县、一市、一乡的平民教育事宜。一市中之各街和一乡中之各村，都要设平民教育委员会，以担负此街、此村之平民教育。现在省区设分会的已有二十省区。省区之下未有确数。一条街的平民教育正在北京之羊市大街和南京之府东大街试办；一个村乡的平民教育正在休宁之隆阜和西村等处试办。

五　教育组织

教育组织最要符合社会情形和人民生活的习惯。因此我们对于平民教育，主张采用三种形式，以适应各种人民的需要：

（一）平民学校　这个采用班次制度。大班一二百人以上用幻灯教；小班三四十人以上用挂图、挂课教。这和通常的班级教学差不多，无须解释。

（二）平民读书处　但是社会里有许多人因职务或别种关系不能按照钟点来校上课，我们就不得不为他们想个变通的办法。这办法就是平民读书处，以一家、一店、一机关为单位。请家里、店里、机关里识字的人教不识字的人。教的人是内里的，学的人也是里头的。这是内里识字的人同化内里不识字的人的办法。如果主人负责督促，助教每星期受一次训练，并加以定期的指导，平民读书处可以解决一部分的问题。山东第一师范现在以一个学校的同志办一千多人的平民教育，就是采用这个办法。

（三）平民问字处　这是南京平民教育促进会总务董事王伯秋先生发明

的。社会上有些人不但不能按时上学，并且家里无人教导，因此平民学校和平民读书处都不能解决。这些人大半属于流动性质，如做小本生意的人或车夫之流。平民问字处就设在有人教字的店铺里、家庭里或机关里。凡承认担任教字的店铺、家庭、机关，随便什么人要问《千字课》里的字，都可以向他们问。比如摆摊的人摆在那个平民问字处门口，就可乘空向他们请教；车夫停在那个平民问字处门口，也可乘无人坐车的时候学几个字。这个法子现在南京试验。

六 教材教具

平民教育重要的工具是课本——《千字课》。这部书的一千多字，是根据陈鹤琴先生调查的《字汇》①选择的。编书的大目标有四：（一）是自主的精神；（二）是互助的精神；（三）是涵养的精神；（四）是改进的精神。全书九十六课，用九十六天，每天一个钟点就可以教完。我们的方针是要求其易懂而有趣味，使他们读了第一课就想读第二课，用他们自然的兴味来维持他们的恒心和努力。现在仍旧照这个方针在这里修改，总希望愈改愈适用。

辅助教具之最重要的有二：一是幻灯，现由青年会在那里力求改良，总要他格外价廉合用；二是挂图，比幻灯便宜些，宜于小班用。

七 考 成

平民学校和平民读书处的学生普通四个月毕业。毕业之时，用测验方法考一下。及格的发给识字国民文凭（Certificate for Literate Citizenship）；考不

---

① 《字汇》，陈鹤琴著《语体文应用字汇》的初稿，后由商务印书馆于1928年出版。

及格可以下次再考，考到及格为止。教师的奖励看及格学生数目而定。凡教了三十人，经考试及格的可得平民良师的证书（Certificate of People's Teacher）。其他对于平民教育出力及捐资的人员，都有相当的奖励。或由本会发给，或请政府发给。各地同志并不为奖励始肯出力，本会之发给奖励只是对于他们有价值的工作，加以相当之承认。

八　经费问题

平民教育的经费现在已经节省到最低限度。我们的《千字课》承商务印书馆之帮忙，几乎是照本钱出卖。一角洋钱可以买一部，共四本。如果采用读书处的办法，只须两角钱就可教一个人。平民学校贵些，每人也不过四五角钱，加用幻灯，每人至多一元钱也就够了。

我们希望省、县的平民教育，都列入正式预算。国家也应将拿定的款辅助各地勇猛进行。这虽是我们应有的计划，但我们并不等候政府筹定的款才去进行。我们要教育普及，尤其要担负普及。我们现在要试行一种"一元捐"的办法，使社会大多数人民，都为平民教育挑一个小小的担子，并使他们各个人都和平民教育发生一点密切的关系。我们深信为公益捐钱，也是一种很有价值的教育。我们要社会学给与，不要他们学受取或看别人给与。我们相信这种"一元捐"推行之后，再加点附加税，就可以够用了。

九　强迫是一种必要手续

社会上有三种人：（一）是自动要读书的；（二）是经劝导后才愿读书的；（三）是非强迫不愿读的。我们就经验上观察，十人中怕有三人或四人非强迫不行；此外还有二人或三人，有了强迫的办法就可赶快去读。所以强迫是必要的。强迫有两种：一是社会自动的强迫。例如改进社等机关对听差的宣言：

"从今天起，不愿读书的不能在本社服务。""自民国十四年一月一日起，无识字国民文凭的人不能在本社服务。"协和医院对工役的宣言："在一定时期内，没有读了《千字课》不得加薪。"这一类的办法，都是自动的强迫。至于政府的强迫令，也是重要的。芜湖房道尹、察哈尔张都统、河南王教育厅长都曾考虑过强迫平民教育的办法，陆续总有地方可以实现。他们所考虑的办法中有四条很值得实行的：（一）是县知事以下以推行平民教育为考成之一；（二）是预行布告人民某年某月某日以后，十二岁以上之人民出入城门应经警察持《千字课》抽验，会读者放行，不会读者罚铜元一枚；（三）"愚民捐"（Ignorance Tax）：在某年某月某日以后，凡机关里、店铺里、家庭里或任何组织里，如有不会读《千字课》之十二岁以上之人，每月纳"愚民捐"洋一角，到会读为止。"愚民捐"由主人及本人各任半数；（四）凡主人有阻碍属下读书行为，一经发觉，得酌量罚款。

十　下乡运动

中国以农立国，十有八九住在乡下。平民教育是到民间去的运动，就是到乡下去的运动。现在有一个方法很有效力。学校里到夏天和冬天都要放假，大多数的学生都要回到自己的村、乡里去。我们劝他们带《千字课》回家宣传平民教育。入手办法有三种：（一）是把村、乡里识字的人找来，给他们一种短期的训练，教他们如何教自己家里的人。（二）把村里不识字中之聪明的招来，每天教他们四课，同时叫他们每人回家教一课。只须一个月，他们就可读会四本书，并教毕一本。他们一面学，一面教，一个月之后都可以做乡村里的教师了。（三）大一点的乡村里总有私塾，可以劝导私塾先生采用《千字课》，并用空闲时间为乡人开班教《千字课》本。

乡村平民教育当推香山慈幼院对于西山附近乡村的规划为最有系统。他以各小学为一中心点，令附近每家来一人上学，学好后回家教别人。读书之外，还教些实用的职业。我们很希望这个计划能成事实。

十一　女子不识字问题

不识字的最大多数就是女子。平民学校因年龄较大又未经学校训练，不便男女同学，更使这个问题难于解决。我们现在采用的办法是：（一）为女子专办女子平民学校；（二）家庭中多办平民读书处，使自己的人教自己的人；（三）劝女学生寒暑假回乡教乡村里的妇女；（四）极力提倡女子学校教育造就女子领袖，使女子平民教育可以尽量推广。

十二　继续的平民教育

四个月的《千字课》教育，虽然有些实用，但和完备的教育比较起来，真是微乎其微。况且受过这种教育之后，如何去维持，使他们不致忘却并能运用，真是一个最重要的问题。所以我们一面推行，一面就计划继续的办法。（一）我们要和国内最大的日报合作，编辑一个《平民周刊》，一面随报附送，一面单行发卖，使平民毕业学生，可以得到看报的乐趣，又可以得些世事的消息和做人的道理。现请定朱经农先生为总编辑，由《申报》印行，定于六月二十八号出版，每周行销六万份。（二）我们请了专家四十几位分任编辑《平民丛书》数十种，供给平民阅览。对于上列二事，改进社很出力帮忙。为了充分推广起见，我们要在火车上、轮船上甚至于三家村、五家店，都要设法分销，使平民便于购买。又请图书馆专家，规划设立平民阅览室，以便平民可以到适中地点看书看报。中华职业教育社也在编辑《平民职业小丛书》，也是很有益的。（三）有些学生对于四个月之后，很想继续受职业的训练，求生计上之改善。这是更加要紧的。我们为分工起见，希望中华职业教育社特别加以注意。（四）平民学生当中已经发现有特别聪明的学生，这些学生应当再受国家或社会充分的培直。我们对于他们特别加以注意，并要扶助他们升学。

十三　训练相当人才

这是一个大规模的运动，义务繁，责任重，必须训练多数相当的人才分工合作才能按期收效。第一要训练的就是推行干事。各地对于平民教育既有如许热心，总会最大的责任是派遣有才干的人员，帮助各地组织，指导他们进行，并给各地办理平民教育的人一种相当的训练。总会对于省区，省区对于各县、各市，各县对于各乡，各市对于各街，都应负训练指导之责，才能收一致之效。第二要训练的就是教师。平民学校教师采用讨论会办法，寓训练于讨论之中。平民读书处助教就须用师范班办法加以有规律之训练。第三，省视学、县视学是地方提倡平民教育最可收效之人，宜有短期之讲习会，详细讨论推行平民教育之办法，以利进行，这种讲习会不久就要召集。

十四　官民一致合作之效力

自平民教育开办以来，固然免不了一部分人的怀疑和少数人的阻碍。但因平民教育运动宗旨纯正，国人相信从事者始终以人民幸福为前提，绝无政治、宗教或任何主义之色彩，所以到处备受欢迎。各地推行平民教育的时候，军、政、警、绅、工、商、学、宗教各界无不通力合作，这种一团和气的现象真是少见的。学界对于此事之热心是一件预料得到的事。多数的教员、学生本着他们诲人不倦的精神，担任教学、研究、推广等事，实在可以佩服。商界对于此事也有热心提倡者。都市里提倡平民教育一大半要靠商界。汉口各商团联合会周会长尤其热心，他首创的几个平民学校都很有成绩。听说他还有二十五个学校正在筹备中。汉口商界是可以为全国模范的。工厂主人提倡此事最力的有武昌李紫云先生。我们很希望全国的工厂继起提倡工人的平民教育。南京有五十几位说书人，在说书的时候，把读书的好处，夹在说书当中劝导听者。他们还逢三、六、九的日子，到四城演讲读书的重要。他们还编道情（Folk Lore or Popular Songs）唱给人民听，劝他们读书。这些说书人最明白平民心理，真是最好的平民教师。我们很希望全国的说书人都起来为平民服务。各地政府对于平民教育表同情的很有好多。江苏首先捐助巨款开办南京平民教育的试验，湖北也极力提倡。江西、察哈尔等处都很出力，近来奉天令军队数万人受平民教育，尤为平民教育前途最可庆贺的一件事。民政长官中最先提倡平民教育的为江苏韩紫石省长。安徽前省长吕调元令省公署卫队、公役受《千字课》教育，可惜中途为马联甲掌皖时所停止。湖北省长公署也办了一班，已经毕业，现正在筹备继续。安徽教育厅长江彤侯令全厅公役一律读书，为强迫平民教育之第一幕，中间虽经谢学霖厅长任上之停顿，但新任教育厅长卢绍刘已经恢复，进行顺利。赣、鄂二教育厅也相继举办，为全省树立风气，甚为可喜。芜湖房道尹、察哈尔张都统都很提倡。县公署里办平民教育的也有许多处。警察为推行平民教育最要人员之一。在都市中，警察与商界有同等的力量。南京警官亲自教平民学生，警士帮助劝学非常热心。武昌警察总署及分区共办平民读书处二十九处，不识字之警察、公役一律读书，不愿读书的开除。这是何等的有效力！九江的警察也很提倡。监狱里的犯人除做工外没有别事做，我们正可借此机会教他们读好书，做好人。现在监狱里教《千字课》有安庆、南昌、南京、武昌、汉口各处。还有利用识字犯人教不识字的犯人的，真是可喜。

十五 南北对于平民教育一致提倡之好现象

对于平民教育不但各界合作，而且南北也是合作的。广东、云南、湖南、东三省、四川以及其他各省区都协力进行。这真是所谓人同此心，心同此理。中国政治虽不统一，但教育是统一的。我们深信统一的教育可以促成统一的国家。

十六 结 语

我们的希望是：处处读书，人人明理。如照现在国人对于此事的合作和热度观察，十年之内当有相当的成效。但我们不能以普及四个月一千字的教育为满足，我们应当随国民经济能力之改进，将他们所应受之教育继长增高到能养成健全的人格时，才能安心。这是我们共同的希望，也是我们今后共同努力的方向。

（1924年）

导读 学生的精神，在陶行知看来约为三点：一、学生求学须具科学的精神；二、要改造社会必具有委婉的精神；三、应付环境必具有坚强人格和百折不回的精神。

学生的精神

知行此次因全国教育联合会事来湘，今天得与诸君见面，这是很愉快的。知行是世界的学生，诸君是学校的学生，今天是以学生资格，对诸君谈话。有些议论，也许诸君是不愿听的。但是"忠言逆耳利于行"，诸君或者能够原谅。

我现在要讲的题目，就是《学生的精神》。在我未说这题目之先，有点意思对诸君说一说：现在中国许多学生及一般教员，有一个很大的通病，就是容易"自满"。不论研究何种学科，只有相当的了解，即扬扬自得、心满意足。尤其是在过教员生活的，觉得自己处在教师地位，不必再去用功研究了。中国"四书"上有两句话说："学而不厌，诲人不倦。"这真真千古不灭的格言，并且是两句不能分开的话。因为要"学而不厌"，才能够做到"诲人不倦"。例如我们来教一班小学生，倘若自己全不加以研究，只照着别人编的书本，自己抄的老笔记，依样画葫的教去，当学生的，固然不能受多大的益，当教师的，也觉得不胜其烦，没有多大的趣味。如是的粉笔生涯，不能不厌烦了。倘若当教师的，自己天天去研究，有所得的，即随时输之于学生，如此则学生受益较多，即当教师者，也觉得有无穷的乐趣。所以学生求学，固然要"学而不厌"，就是当了教员，还是要继续的"学而不厌"。这可说是我现在要讲的"学生精神"的先决问题。

现在开始来讲"学生的精神"了。学生精神，大约分之为三点：

（一）**学生求学须具有科学的精神**　我们不论研究什么学科，总要看一个明白，想一个透彻，多发些疑问，切不可武断盲从。例如别人要我们信仰国家主义，我们必须明了国家主义的内容是否合于现代社会，才定信仰不信仰的方针。其他，社会主义亦然，无政府主义亦然……尤其我们研究科学之时，碰到一个问题来了，"知之则知之，不知则不知"。因为我们自己知道自己不知的地方，那还有能够知道的一日；倘若不知的而认以为知，那么，不知道的，终究没有知道的日子了；还可说是自己斩断自己求学的机能，所以我们学生求学，第一步就要有科学的精神。

（二）**要改造社会必具有委婉的精神**　我们在任何环境里面做事，不可过于急进。譬如园丁栽花木，倘只执一镰斧，乱砍荆棘，我相信花木，亦必随之而受伤。务须从旁着想，怎样才能使荆棘去掉，那么，非用委婉的功夫不可。改造社会，也是一样，尤其是我们学生，因为是领导民众的中坚分子，倘用乱刀斩麻的手段，必引起一般民众起畏惧之心，怎样还讲得社会改造？所以我们要社会改造，也需要用委婉的精神，走到民众前头，慢慢地领他们向前走，并且还要告示他们向前走的方法。如此才有社会改造的希望。不然，任你如何轰轰烈烈倡社会改造，社会还是不能改造的。

（三）**应付环境必具有坚强人格和百折不回的精神**　我们处在任何环境里面，必抱有坚强人格，不可自由摇动，尤其到了利害生死关头之时，必富有"富贵不能淫，贫贱不能移，威武不能屈"的气概。这才算得一个真正的大丈夫，真正的国民。现在中国一班学生——其实不仅是学生——在普通情形的时候，各人的性格，好像没有多大的区别。但到危急存亡利害相冲的关头，就看得清清楚楚，各人露出自己的本来面目。中国民众的不能团结，这就是一个很大的原因。所以我们处在任何的环境里面，坚强不摇的人格及不屈不挠的精神，决不能少的，尤其在我们学生时代。我现在要举一段历史例子给诸君听，就是明朝的方孝孺先生，当燕王棣篡位之时，使他草《即位诏》，他大书"燕王篡位"四字，因此被夷十族。当燕王篡位之时，势力胜过现在的任何军阀，但不能压迫方先生一笔锥。可见方先生的人格及不怕死的精神，真令人钦佩而尊敬，亦可证明读书人不可忘掉气节。

　　学生的精神，大概分为上列三点。我觉得在今日的学生中，亟宜注意的。因时间仓卒，说得不周到处，请诸君原谅！

（ 925年）

导读 做一个整个的人，有三种要素：一、要有健康的身体；二要有独立的思想；三、要有独立的职业。

学做一个人

我要讲的题目是：《学做一个人》。要做一个整个的人，别做一个不完全、命分式的人。中国虽然有四万万人，试问有几个是整个的人？诸君试想一想："我自己是不是一个整个的人？"

《抱朴子》上有几句话："全生为上；亏生次之；死又次之；不生为下。"

但是何种人算不是整个的人呢？依我看来，约有五种：

（一）残废的——他的身体有了缺欠，他当然不能算是整个的人。

（二）依靠他人的——他的生活不是独立的；他的生活只能算是他人生活的一部分。

（三）为他人当做工具用的——这种人的性命，为他人所支配，没有自己独立的人格。

（四）被他人买卖的——被贩卖人口者所贩卖的人，就是猪仔；或是受金钱的贿赂，卖身的议员就是代表者。

（五）一身兼管数事的——人的一分精神只能专做一件事业，一个人兼了十几个差使，精神难以兼顾，他的事业即难以成功，结果是只拿钱不做事。

我希望诸君至少要做一个人；至多也只做一个人，一个整个的人。做一个整个的人，有三种要素：

（一）要有健康的身体——身体好，我们可以在物质的环境里站个稳固。诸君，要做一个八十岁的青年，可以担负很重的责任，别做一个十八岁的老翁。

（二）要有独立的思想——要能虚心，要思想透彻，有判断是非的能力。

（三）要有独立的职业——要有独立的职业，为的是要生利。生利的人，自然可以得到社会的报酬。

我觉得中学生有一个大问题，即是"择业问题"。我以为择业时要根据个人的才干和兴趣。做事要有快乐，所以我们要根据个人的兴趣来择业。但是我们若要做事成功，我们必要有那样的才干。

我曾作了一首白话诗，说人要有独立的职业：

> 滴自己的汗；吃自己的饭。
>
> 自己的事，自己干。
>
> 靠人，靠天，靠祖先，都不算好汉。

现在我们专讲"学"和"做"二个字，要一面学，一面做。"学"和"做"要连起来。英语Learn by doing（在做中学），也就是这个意思。我们要应用学理来指导生活，同时再以生活来印证学理。

将来诸君有的升学，有的就职业，但是为学的方法全要研究。学农的人要有科学的脑筋和农夫的手；学工的人，也要有科学的脑筋和工人的手。这样他才可以学得好。

我希望到会的个人，是四万万人中的一个人。诸君还要时常想：

中国有几个整个的人？

我是不是一个整个的人？

┃导读┃ "学校生活是社会生活的起点。远处着眼，近处着手，改造社会环境要从改造学校环境做起……应当改造的一丝一毫都不肯轻松过才能表现真精神。师生不能共同改造学校环境而侈谈社会改造，未免自欺欺人。"

我之学校观

学校的势力不小。他能教坏的变好，也能教好的变坏。他能叫人做龙也能叫人做蛇。他能叫人多活几岁也叫人早死几年。

学校以生活为中心。一天之内，从早到晚莫非生活即莫非教育之所在。一人之身，从心到手莫非生活即莫非教育之所在。一校之内，从厨房到厕所莫非生活即莫非教育之所在。学校有死的有活的。那以学生全人全校全天的生活为中心的才算是活学校。死学校只专在书本上做工夫。间于二者之间的，可算是不死不活的学校。

学校是师生共同生活的处所。他们必须是共甘苦。甘苦共尝才能得到精神的沟通，感情的融洽。国家大事，世界大势，亦必须师生共同关心。学校里师生应当相依为命不能生隔阂，更不能分阶级。人格要互相感化，习惯要互相锻炼。人只晓得先生感化学生、锻炼学生，而不知学生彼此感化锻炼和感化锻炼先生力量之大。先生与青年相处，不知不觉的，精神要年轻几岁，这是先生受学生的感化。学生质疑问难，先生学业片刻不能懈怠，是先生受学生的锻炼。这是不可避免的，也是好现象。总之：师生共同生活到什么程度，学校生气也发扬到什么地步，这是丝毫不可以假借的。李白诗说："黄河之水天上来，奔流到海不复回。"这好比是学生的精神。办学如治水，我们必须以导河的办法把学生的精神宣导出去，使他们能在有益人生的事上去活动，倘不能因势利导，反而强事压制，那么决堤泛滥之祸不能幸免了。

康健是生活的出发点，亦就是学校教育的出发点。学问、道德应当有一个活泼稳固的基础，这基础就是康健。俗话说："百病从口入。"同志们务必注意，办学校是要从厨房饭厅办起的。

生活之发荣滋长必须有吸收滋养料的容量。学校教职员必须虚心，学而不厌。我以为不但教师要学而不厌，就是职员也要学而不厌。因为既以生活为学校的中心，那么各种事务都要含有教育的意义。从校长起一直到厨司校工各有各的职务即各有各的学问要增进。增进之法有二：一是各有应读之书必须读；二是各有应联之专家同志必须联。一个学校要想有美满的生活，必须和知识的泉源通根水管使得新知识可以源源而来。

学校生活只是社会生活一部分。学校不是道士观、和尚庙，必须与社会生活息息相通。要有化社会的能力，先要情愿社会化。

学校生活是社会生活的起点。远处着眼，近处着手，改造社会环境要从改造学校环境做起。全校师生应当以美术的精神共同改造学校环境。凡应当改造的一丝一毫都不肯轻松放过才能表现真精神。师生不能共同改造学校环境而侈谈社会改造，未免自欺欺人。

高尚的生活精神不用钱买，不靠钱振作，也不能以没有钱推诿。用钱可以买来的东西，没有钱自然买不来。用钱买不来的东西，没有钱也是可以得到的。高尚的精神如同山间明月江上清风一样，是取之无尽、用之无穷的。没有钱是一事；没有精神又是一事。有钱而无精神和无钱而有精神的学校，我都见识过。精神是不靠钱买的。精神是在我们身上，我们肯放几分精神，就有几分精神。不关有没有钱，只问我肯不肯把精神放出来。

我们要学校生活（生）长得敏捷圆满，就得要把他放在光天化日之下。太阳光底下可以滋长，黑暗里面免不掉微生物。所以我主张学校要给人看。做父母的，管学务的，以及纳教育税的人都要看学校，要学校改良。做校长的，做教育的都要欢迎人参观批评以补自己之不足。学校放在太阳光里必能生长，必能继续不断的生长。

我对于学校悬格并不要高，只希望大家把学校办到一个地步：情愿送亲子弟入校求学就算好了。前清往往有办学的人不令子弟入学，时论以为不恕。现每主持省县教育者，亦颇有以子弟无好学校进为虑，甚至送入外人设立学校肄业。真正令人不解。我要有一句话奉劝办学同志，这句话就是"待学生如亲子弟"。

（1926年）

┃导读┃　　王阳明认为：知是行之始，行是知之成，而陶行知则认为：行是知之始，知是行之成。两个人的侧重不同而已。

行是知之始

阳明先生说："知是行之始，行是知之成。"我以为不对。应亥是"行是知之始，知是行之成"。我们先从小孩子说起，他起初必定是烫了手才知道火是热的，冰了手才知道雪是冷的，吃过糖才知道糖是甜的，碰过石头才知道石头是硬的。太阳地里晒过几回，厨房里烧饭时去过几回，夏天的生活尝过几回，才知道抽象的热。雪菩萨做过几次，霜风吹过几次，冰淇淋吃过几杯，才知道抽象的冷。白糖、红糖、芝麻糖、甘蔗、甘草吃过几回，才知道抽象的甜。碰着铁，碰着铜，碰着木头，经过好几回，才知道抽象的硬。才烫了手又冰了脸，那么，冷与热更能知道明白了。尝过甘草接着吃了黄连，那么甜与苦更能知道明白了。碰着石头之后就去拍棉花球，那么，硬与软更能知道明白了。凡此种种，我们都看得清楚"行是知之始，知是行之成"。佛兰克林放了风筝才知道电气可以由一根线从天空引到地下。瓦特烧水，看见蒸汽推动壶盖便知道蒸汽也能推动机器。加利里翁在毕撒斜塔上将轻重不同的球落下，更知道不同轻重之球是同时落地的。在这些科学发明上，我们又可以看得出"行是知之始，知是行之成"。

"墨辩"提出三种知识：一是亲知，二是闻知，三是说知。亲知是亲身得来的，就是从"行"中得来的。闻知是从旁人那儿得来的，或由师友口传，或由书本传达，都可以归为这一类。说知是推想出来的知识。现在一般学校里所注重的知识，只是闻知，几乎以闻知概括一切知识，亲知是几乎完全被挥于门外。说知也被忽略，最多也不过是些从闻知里推想出来的罢了。我们拿"行是知之始"来说明知识之来源，并不是否认闻知和说知，乃是承认亲知为一切知识之根本。闻知与说知必须安根于亲知里面方能发生效力。

试取演讲"三八主义"①来做个例子。我们对一群毫无机器工厂劳动经验的青年演讲八小时工作的道理，无异耳边风。没有亲知做基础，闻知实在接不上去。假使为中有一位青年曾在上海纱厂做过几天工作或一整天工作，他对于这八小时工作的运动的意义，必有亲切的了解。有人说："为了要明白八小时工作就要这样费力的去求经验，未免小题大做，太不经济。"我以为天下最经济的事无过这种亲知之取得。近代的政治经济问题便是集中在这种生活上。从过这种生活上得来的亲知，无异于取得近代政治经济问题的钥匙。

"亲知"为了解"闻知"之必要条件已如上述，现再举一例，证明"说知"也是要安根在"亲知"里面的。

白鼻福尔摩斯里面有一个奇怪的案子。一位放高利贷的被人打死后，他的房里白墙上有一个血手印，大得奇怪，从手腕到中指尖有二尺八寸长。白鼻福尔摩斯一看这个奇怪手印便断定凶手是没有手掌的，并且与手套铺是有关系的。他依据这个推想，果然找出住在一个手套铺楼上的科尔斯人就是这案的凶手，所用的凶器便是挂在门口做招牌的大铁手。他的推想力不能算小，但是假使他没有铁手招牌的亲知，又如何推想得出来呢？

这可见闻知、说知都是安根在亲知里面，便可见"行是知之始，知是行之成"。

（1927年）

---

① 三八主义，即"三八制"。美国无产阶级为反对资产阶级残酷剥削，1886年5月1日，芝加哥20万工人举行大罢工，提出每天工作八小时，学习八小时，休息八小时的要求，史称"三八制"。

导读　精神文明与物质文明合而为一的媒介便是工具，教育是教人发明、制造、运用的工具，生活教育则是教人发明、制造、运用生活的工具。

生活工具主义之教育

"教育以生活为中心"，这句话已经成为今日学校里的口头禅，但是细考实际，教育自教育，生活自生活，依然渺不相关。这是因为什么缘故？我们先前以"老八股"不适用，所以废科举，兴学堂；但是新学办了三十年，依然换汤不换药，卖尽气力，不过把"老八股"变成"洋八股"罢了。"老八股"与民众生活无关，"洋八股"依然与民众生活无关。但是新学校何以变成"洋八股"，何以与民众生活无关？这其中必有道理。

人的生活，必须有相当工具，才能表现出来。工具充分，才有充分的表现；工具优美，才有优美的表现；工具伟大，才有伟大的表现。"老八股"与"洋八股"虽有新旧之不同，但都是靠着片面的工具来表现的，这片面的工具就是文字与书本。文字与书本只是人生工具之一种，"老八股"与"洋八股"教育拿它当作人生的唯一工具看待，把整个的生活都从这个小孔里表现出去，岂不要把生活剥削得黄皮骨瘦吗？文字书本，倘能用的得当，还不失为人生工具之一；但是"老八股"与"洋八股"的学生们却不用它们来学"生"，偏偏要用它们来学"死"。中国教育所以弄到山穷水尽，没得路走，是因为大家专靠文字书本做唯一无二的工具，并且把文字书本这个工具用错了。我们要想纠正中国教育，使它适应于中国国民全部生活之需要，第一就须承认文字书本只是人生工具的一种，此外还有许多工具要运用来透达人生之欲望；第二就须承认我们从前运用文字书本的方法是错的，以后要把它们用的更加得当些。

现在有一班人，开口就说：西方的物质文明比东方好；东方的精神文明比西方高。这句话初听似乎有理，我实在是百索不得其解。精神与物质接触必定要靠着工具。工具愈巧则精神愈能向着物质发挥。工具能达到什么地方即精神能达到什么地方。动物以四肢百体为工具，所以它的精神活动亦以四肢百体的力量所能达到的地方为限。人的特别本领就是不专靠自己的身体为工具。人能发明非身体的工具，制造非身体的工具，应用非身体的工具。文明人与野蛮人的最大分别就是文明人能把这些非身体的工具发明得格外多，制造得格外精巧，运用得格外普遍。有了望远镜，人的精神就能到火星里去游览；有了显微镜，人的精神就能认识那叫人生痨病的不是痨病鬼乃是痨病虫。今年五月七日第一次飞渡大西洋的飞行家林自从德国柏林通电话到美国和他的老母谈话，是精神交通破天荒的成功，也是物质文明破天荒的成功。精神文明与物质文明是合而为一的。这合而为一的媒介就是工具。教育是什么？教育是教人发明工具，制造工具，运用工具。生活教育教人发明生活工具，制造生活工具，运用生活工具。空谈生活教育是没有用的。真正的生活教育必以生活工具为出发点。没有工具则精神不能发挥，生活无由表现。观察一个国家或一个学校的教育是否合乎实际生活，只须看它有无生活工具。倘使有了，再进一步看它是否充分运用所有的生活工具。教育有无创造力，也只须看它能否发明人生新工具或新人生工具。中国教育已到绝境，千万不要空谈教育，千万不要空谈生活；只有发明工具，制造工具，运用工具是真教育，是真生活。

（1928年）

导读　1927年晓庄试验乡村师范创办，陶行知先生将"教学做合一"作为晓庄师范的校训，这五个字也是陶行知教育理念的核心观点之一。

教学做合一

教学做合一是本校的校训，我们学校的基础就是立在这五个字上，再也没有一件事比明了这五个字还重要了。说来倒很奇怪，我在本校从来没有演讲过这个题目，同志们也从没有一个人对这五个字发生过疑问。大家都好像觉得这是我们晓庄的家常便饭，用不着多嘴饶舌了。可是我近来遇到两件事，使我觉得同志中实在还有不明了校训的意义的。一是看见一位指导员的教学做草案里面把活动分成三方面，叫作教的方面，学的方面，做的方面。这是教学做分家，不是教学做合一。二是看见一位同学在《乡教丛讯》上发表一篇关于晓庄小学的文章。在这篇文章里，他说："晓庄小学学生的课外作业就是农事教学做。"在教学做合一的学校的辞典里并没有"课外作业"。课外作业是生活与课程离婚的宣言，也就是教学做离婚之宣言。今年春天洪深先生创办电影演员养成所，招生广告上有采用"教""学""做"办法字样，当时我一见这张广告，就觉得洪先生没有十分了解教学做合一。倘使他真正了解，他必定要写"教学做"办法，决不会写作"教""学""做"办法。他的误解和我上述的两个误解是相类的。我接连受了这两次刺激，觉得非彻底的、原原本本的和大家讨论明白，怕要闹出绝大的误解。思想上发生误解则实际上必定要引起矛盾。所以把这个题目来演讲一次是万不可少的。我自回国以后，看见国内学校里先生只管教，学生只管受教的情形，就认定有改革之必要。这种情形以大学为最坏。导师叫作教授．大家以被称教授为荣。他的方法叫作教授法，他好像拿知识来赈济人的。我当时主张以教学法来代替教授法，在南京高等师范学校校务会议席上辩论二小时，不能通过，我也因此不接受教育专修科主任名义。八年，应《时报·教育新思潮》主编蒋梦麟先生之征，撰《教学合一》一文，主张教的方法要根据学的方法。此时苏州师范学校首先赞成采用教学法。继而"五四"事起，南京高等师范同事无暇坚持，我就把全部课程中之教授法一律改为教学法。这是实现教学合一的起源。后来新学制颁布，我进一步主张：事怎样做就怎样学，怎样学就怎样教；教的法子要根据学的法子，学的法子要根据做的法子。这是民国十一年的事，教学做合一的理论已经成立了，但是教学做合一之名尚未出现。前年在南开大学演讲时，我仍用教学合一之题，张伯苓先生拟改为学做合一，我于是豁然贯通，直称为教学做合一。去年撰《中国师范教育建设论》时，即将教学做合一之原理作有系统之叙述。我现在要把最近的思想组织起来作进一步之叙述。教学做是一件事，不是三件事。我们要在做上教，在做上学。在做上教的是先生；在做上学的是学生。从先生对学生的关系说：做便是教；从学生对先生的关系说：做便是学。先生拿做来教乃是真教；学生拿做来学方是实学。不在做上用工夫，教固不成教，学也不成为学。从广义的教育观看，先生与学生并没有严格的分别。实际上，如果破除成见，六十岁的老翁可以跟六岁的儿童学好些事情。会的教人，不会的跟人学，是我们不知不觉中天天有的现象。因此教学做是合一的。因为一个活动对事说是做；对己说是学；对人说是教。比如种田这件事是要在田里做的，便须在田里学，在田里教。游泳也是如此。游水是在水里做的事，便须在水里学，在水里教。再进一步说，关于种稻的讲解不是为讲解而讲解，乃是为种稻而讲解；关于种稻而看书，不是为看书而看书，乃是为种稻而看书。想把种稻教得好，要讲什么话就讲什么话，要看什么书就看什么书。我们不能说种稻是做，看书是学，讲解是教。为种稻而讲解，讲解也是做；为种稻而看书，看书也是做。这是种稻的教学做合一。一切生活的教学做都要如此方为一贯。否则教自教，学自学，连做也不是真做了。所以做是学的中心，也就是教的中心。"做"既占如此重要的位置，宝山县立师范学校竟把教学做合一改为做学教合一，这是格外有意思的。

(1928年)

导读 "为学而学不如为教而学之亲切。为教而学必须设身处地，努力使人明白；既要努力使人明白，自己便自然而然的格外明白了。"

以教人者教己

　　"以教人者教己"是本校根本方法之一，我们也必须说得很明白，方知他效用之大。昨天邵先生教纳税计算法，就是"以教人者教己"的例证。邵先生因为要教大家计算纳税，所以就去搜集种种材料，并把这些材料融会贯通起来，然后和盘托出，教大家计算。他因为要教大家，所以先教自己。他是用教大家的材料教自己。他年年纳税，但是总没有明白其中的内幕，今年为什么就弄得这样彻底明白呢？因为要教你们，所以他自己便不得不格外明白了。他从教纳税上学得的益处怕比学生要多得多哩。近来韩先生教武术，不是要一位同学发口令吗？这便是以教人者教己。这位同学发口令时便是以同学教同学。因为要他发口令，所以他对于这套武术的步法就格外明了。他在发口令上学，便是以教人者教己。第三中心小学潘先生是素来没有学过园艺的。但是第三中心小学有园艺一门功课，他必得教。既然要教园艺，他对于园艺便要格外学得清楚些。他拿园艺教小学生的时候便是拿园艺来教自己。我们从昨天起开始交际教学做。第一次轮到的便是孙从贞女士，今天有客来，便须由她招待。来宾到校必定要问许多问题，孙女士必须一一答复。但她是一位新学生，对于学校的经过历史、现在状况，及未来计划还没有充分明了。因为要答复来宾的问题，她必须预先把这些事情弄得十分明白，才不致给来宾问倒。她答复来宾的问题时，从广义的教育看来，她便是在那儿教，来宾便是在那儿学。为了要答复来宾的问题，她自己就不得不先去弄得十分明白，这便是以教人者教己。我们平常看报，多半是随随便便的。假使我们要教小学生回家报告国家大事，那么，我们看报的时候，便不得不聚精会神了。我们这样看报，比起寻常的效率不知道要大得几多倍哩！这便是借着小孩讲国家大事来教自己明了国家大事。这便是以教人者教己。又比如锄头舞的歌词是我做的，对于这套歌词，诸位总以为我做了之后便是十分明了了，其实不然，我拿这歌词教燕子矶小学生时，方把他弄得十分明白。以前或可以说只有七八分明白，没有十分明白。自己做的歌词还要等到教人之后才能十分明白，由此可见"以教人者教己"的效力之宏。从这些例证上，我们可以归纳出一条最重要的学理，这学理就是"为学而学"不如"为教而学"之亲切。"为教而学"必须设身处地，努力使人明白；既要努力使人明白，自己便自然而然的格外明白了。

（1927年）

导读 生活即教育、社会即学校是陶行知先生的重要教育理念，生活即教育最早是由陶行知的老师杜威在美国提出的。

生活即教育

今天我要讲的是"生活即教育"。中国从前有一个很流行的口号，我们常用得很多而且很熟的，就是"教育即生活"（Education of life）。教育即生活这句话，是从杜威（De Dewes Wes）先生那里来的，我们在过去是常常用他，但是，从来没有问过这里边有什么用意。现在，我把他翻了半个筋斗，改为"生活即教育"。在这里，我们就要问："什么是生活？"有生命的东西，在一个环境里生生不已的就是生活。譬如一粒种籽一样，他能在不见不闻的地方而发芽开花。从动的方面看起来，好像晓庄剧社在舞台演戏一样。《生活即教育》这个演讲，从前我已经讲了两套，现在重提我们的老套。

第一套就是：

是生沽就是教育，不是生活的就不是教育；

是好生活就是好教育，是坏生活就是坏教育；

是认真的生活就是认真的教育，是马虎的生活就是马虎的教育；

是合理的生活就是合理的教育，是不合理的生活就是不合理的教育；

不是生活，就不是教育；

所谓之生活未必是生活，就未必是教育。

第二套是第二次讲的时候包括进去的，是按着我们此地的五个目标加进去的，就是：

是康健的生活，就是康健的教育；是不康健的生活，就是不康健的教育；

是劳动的生活，就是劳动的教育；是不劳动的生活，就是不劳动的教育；

是科学的生活，就是科学的教育；是不科学的生活，就是不科学的教育；

是艺术的生活，就是艺术的教育；是不艺术的生活，就是不艺术的教育；

是改造社会的生活，就是改造社会的教育；是不改造社会的生活，就是不改造社会的教育。

近来，我们有一个主张，是每一个机关，每一个人在十九年里都要有一个计划。这样，在十九年里我们所过的生活，就是有计划的生活，也就是有计划的教育。于是，又加了这么一套：

是有计划的生活就是有计划的教育，是没有计划的生活，就是没有计划的教育。

我今天要说的就是：我们此地的教育，是生活教育，是供给人生需要的教育，不是作假的教育。人生需要什么，我们就教什么。人生需要面包，我们就得受面包教育；人生需要恋爱，我们就得过恋爱生活，也就是恋爱的教育。照此类推，照加上去：是那样的生活，就是那样的教育。

与"教育即生活"有联带关系的就是"学校即社会"。"学校即社会也就是跟着"教育即生活"而来的，现在我也把他翻了半个筋头，变成"社会即学校"。整个的社会活动，就是我们的教育范围，不消谈什么联络，而他的血脉是自然流通的。不要说"学校社会化"。譬如现在说要某人革命化，就是某人本来不革命，假使某人本来是革命的，还要他"化"什么呢？讲"学校社会化"，也是犯同样的毛病。"社会即学校"，我们的学校就是社会，还要什么"化"呢？现在我还有一个比方：学校即社会，就好像把一只活泼泼的小鸟从天空里捉来关在笼里一样，他要以一个小的学校去把社会上所有的一切东西都吸收进来，所以容易弄假。社会即学校则不然，他是要把笼中的小鸟放到天空中去，使他能任意翱翔，是要把学校的一切伸张到大自然里去。要先能做到"社会即学校"，然后才能讲"学校即社会"；要先能做到"生活即教育"，然后才能讲到"教育即生活"。要这样的学校才是学校，这样的教育才是教育。

杜威先生在美国为什么要主张教育即生活呢？我最近见着他的著作，他从俄国回来，他的主张又变了，已经不是教育即生活了。美国是一个资本主义的国家，他们是零零碎碎的实验，有好多教育家想达到的目的不能达到，想实现的不能实现，然而在俄国已经有人达到了，实现了。假使杜威先生是在晓庄，我想他也必主张"生活即教育"的。

杜威先生是没有到过晓庄的，克伯屈先生是到过晓庄来的，克伯屈先生离了俄国而来中国，他说："在离莫斯科不远的地方，有一个人名夏弗斯基的，他在那里办了一所学校，主张有许多与晓庄相同的地方。"我见了杜威先生的书，他说现在俄国的教育，很受这个地方的影响，很注重这个地方。他们也主张生活即教育，社会即学校。克伯屈先生问我们在文字上通过消息没有？我说没有。我又问他："夏弗斯基这个人是不是共产党？"他说不是。我又问他："他不是共产党，又怎么能在共产党政府之下办教育呢？"他说："因为他是要实现一种教育的理想，要想用教育的力量来解决民生问题，所以俄政府许可他实验，他在俄政府之下也能生存。"我又对他说："这一点倒又和我相合，我在国民党政府之下办教育，而我也不是一个国民党党员。"这是克伯屈先生参观晓庄后与我所谈的话。

现在我们这里的主张，已经终于到了实现的时期了，问题是在怎样实现。这一点，可以分作三个时期：

第一个时期，是生活是生活，教育是教育，两者是分离而没有关系的。

第二个时期，是教育即生活，两者沟通了，而学校社会化的议论也产生了。

第三个时期，是生活即教育，就是社会即学校了。这一期也可以说得是开倒车，而且一直开到最古时代去，因为太古的时代，社会就是学校，是无所谓社会自社会、学校自学校的。这一期也就是教育进步到最高度的时期。

其次，要讲生活即教育与社会即学校，有几方面是要开仗的，而且，是不痛快、是很烦恼，而与我们有极大的冲突的。

第一，在这个时期，是各种思潮在中国谋实现的时期，中国几千年来的传统教育所支配的许多传统思想都要在此时期谋取得他的地位。第二，是外来的各种文化，如德国以前是以文化为中心的。这种文化，胡适之先生曾说是一种Jantademin（Gentleman）的文化，是充满着绅士气的，是英国的。

现在先说中国遗留下来的旧文化与我们的生活即教育是有冲突的。中国从前的旧文化，是上了脚镣手铐的。分析起来，就是天理与人欲，以天理压迫人欲，做的事无论怎样，总要以天理为第一条件。

他是以天理为一件事，人欲为一件事。人欲是不对的，是没有地位的。在生活即教育的原则之下，人欲是有地位的，我们不主张以天理来压迫人欲的。这里，我们还得与戴东原先生的哲学打一打通。他说理不是欲外之理，不是高高的挂在天空的；欲并不是很坏的东西，而是要有条有理的。我们这里主张生活即教育，就是要用教育的力量，来达民之情，顺民之意，把天理与人欲打成一片，并且要和戴东原先生的哲学联合起来。

与此有联带关系的就是"礼教"。现在有许多人唱"礼教吃人"的论调，的确，礼教吃的人，骨可以堆成一个泰山，血可以合成一个鄱阳湖。我们晓得，礼是什么？以前有人说，礼是养生的，那是与生活即教育相通的。这种礼，我们不惟不打倒，并且表示欢迎。假若是害生之礼，那就是要把人加上脚镣手铐，那是与我们有冲突的，我们非打倒不可。因为生活即教育是要解放人类的。

再次，中国从前有一个很不好的观念，就是看不起小孩子。把小孩子看成小大人，以为大人能做的事小孩也能做，所以五六岁的小孩，就要他读《大学》、《中庸》。换句话说，就是小孩子没有地位。我们主张生活即教育，要是儿童的生活才是儿童的教育，要从成人的残酷里把儿童解放出来。

还有一点要补充进去的，就是书本教育。从前的书本教育，就是以书本为教育，学生只是读书，教师只是教书。在生活即教育的原则之下，书是有地位的，过什么生活就用什么书，书不过是一种工具罢了。书是不可以死读的，但是不能不用。从前有许多像这样的东西，是非推翻不可的，否则不能实现"生活即教育"。

现在外面传进来的思潮，也有许多与我们是冲突的。以文化做一个例吧！以文化做中心的教育，他的结果是造成洋八股。文化是人类创造出来的，固然是非常的宝贵，但他也不过是一种工具而已，不能拿做我们教育的中心。人为什么要用文化？是要满足我们人生的欲望，满足我们生活的需要。电灯是文化，我们用了他，可以把一切看得更明白。无线电是文化，我们用了他，可以更便利。千里镜是文化，我们用了他，可以钻进土星、木星里去。……所以文化是生活的工具，他是有他的地位的。我们不惟不反对，并且表示欢迎。欢迎他来做什么呢？就是满足我们生活的需要。有些人把他弄错了，认他做一种送人的礼物，这是不对的。文化要以参加做基础，有了这参加的最低限度的基础，才能了解，才能加上去。生活即教育与以文化为中心的教育的不同，就是如此。

还有训育与生活即教育的理论怎么样？生活即教育与训育把训与教分家的关系怎样？生活即教育与社会即学校如何实现？小学里如何把他实现出来？假使诸位以为是行得通的，最好是每一个人拟一个方案来交我，哪一部分可以实现，我们就拿那个地方当一个社会实现出来。

现在我举一个例说：去年因为天干，和平学园因为急于要水吃，就开了一个井。井是学校开的，但是献给全村公用，不久就发现了两个大问题：

（一）每天出水二百担，不敷全村之用。于是大家都起早取水，后到的取不到水。明天又比别人早，甚至于一夜到天亮，都有取夜水的。到天亮时，井里的水已将干了。群聚在井边候水，一勺一勺的取，费尽了气力，才打出一桶水。

（二）大家围着取水，争先恐后，有时甚至用武力解决。

这种现象，假使是学校即社会，就可以用学校的权力来解决，由学校出个命令，叫大家照着执行。社会即学校的办法就不然，他觉得这是与全校人的生活有关系的，要全村的人来设法解决，于是就开了一个村民大会，一共到了六七十个人，共同来做一个吃水问题的教学做。到会的人，有老太婆，也有十二三岁的小孩子，公推了一位十几岁的小学生做主席。我和许多师范生，就组织了一个诸葛亮团，插在群众当中，保护这位阿斗皇帝。老太婆说白话顶多，但同时有许多人说话，大家听不清楚，而阿斗皇帝又对付不下来。这回，诸葛亮用得着了，他就起来指导。结果，共同议决了几件事：

1. 水井每天休息十小时，自下午七时至上午五时不许取水。違者罚洋一元，充修井之用。

2. 每天取水，先到先取，后到后取。违者罚小洋六角，充修井之用。

3. 公推刘君世厚为监察员，负执行处分之责。

4. 公推雷老先生为开井委员长，筹款加开一井，茶馆、豆腐店立多出款，富户劝其多出，于最短期内，由村民团结的力量，将井开成。

这几个议案是由阿斗会议所通过的。这就是社会即学校的办法。由此，我有几个感触：

（一）民众运动，要以对于民众有切身的问题为中心。否则，不能召集。

（二）社会运动，非以社会即学校则不能彻底实行。而社会即学校，是有实现的可能的。

（三）不要以为老太婆、小孩不可训练，只要有法子，只要能从他们切迫的问题着手。

（四）公众的力量比学校发生的大，假使由学校发命令解决，则社会上了解的人少，而且感情将由此分离。

（五）阿斗离了诸葛亮是不行的，和平门吃水问题，倘无相当指导，可以再过四五千年也不会解决。

（六）做民众运动是要陪着民众干，不要替民众干。训政工作要想训练中华国民，非此不可。

这就是以小学所在地做一个学校的例，其余的例很多，不必多举。社会即学校要如何的实现，请大家一样一样的做个方案，二次开会的时候再谈。

这是证明"生活即教育"与"社会即学校"是相联的，是一个学理。

关于"生活即教育"，我现在再来补充一套。我们是现代的人，要过现代的生活，就是要受现代的教育。不要过从前的生活。也不要过未来的生活。若是过从前的生活，就是落伍；若要过未来的生活，就要与人群隔离。以前有一部书叫作《明日之学校》，大家以为很时髦的，讲得很熟的。我希望乡村教师，要办今日之学校，不要办明日之学校。办今日之学校，使小学生过今日之生活，受今日之教育。

（1930年）

导读 　　陶行知号召师范学生变成孙悟空，并不是让学生学孙悟空的大闹天宫，而是要学习孙悟空学习之前先有明确的目的，学习而有目的是师范生的第一课。

师范生的第一变

——变个孙悟空

教育是什么？教人变！教人变好的是好教育。教人变坏的是坏教育。活教育教人变活。死教育教人变死。不教人变、教人不变的不是教育。

师范教育是什么？教学生变成先生。先生是什么？自己会变而又会教人变的是先生。师范生不是别的，是一个学变先生的学生。

自古到今，从东到西，我找来找去，只找着一位差不多可以比得上这学变先生的学生。你猜是谁？是那保唐僧上西天取经的孙悟空！

你们别瞧不起老孙。他那大闹天宫的天界革命功劳我且不提，只说几桩与你们最有关系的事迹。

第一件，他有目的，有远虑，有理想。他做了美猴王，还是烦恼。众猴对他说："大王好不知足！我等日日欢会，在仙山福地，古洞神洲，不伏麒麟辖，不伏凤凰管，又不伏人王拘束，自由自在，乃无量之福，为何远虑而忧也？"他说："今日虽不归人王法律，不惧禽兽威服，将来年老血衰，暗中有阎王老子管着，一旦身亡，可不枉生世界之中，不得久住天人之内？"所以他存心要"学一个不老长生，躲过阎君之难"。这是他所抱的目的。师范生的目的何在？我想美猴王如果做了师范生，他必定也是烦恼。如有人问他为何烦恼？

他一定是这样回答了："今日虽为双料少爷，事事有听差服侍，先生照应，只管教学，可以不做，将来双手无能，误人子弟，暗中有帝国主义老子管着，一旦教人做奴隶的，自己也做了奴隶，可不枉生世界之中，不得久住主人之内？"

第二件，他抱着目的去访师。他所住的水帘洞是在东胜神洲傲来国花果山。为着要"躲过轮回，不生不灭，与天地山川齐寿"，他便飘洋求师，飘到南瞻部洲，又渡西洋大海，才到西牛贺洲，因樵夫指引，找到灵台方寸山中的斜月三星洞，遇着须菩提祖师，算起来已是花了十几年光阴了。无论哪个现代留学生也没有像他这样诚恳了。教师多于过江鲫，谁能教人达目的？如果美猴王做了师范生，他必定要找一位能达他的目的的老师，不能达他的目的的老师，他是不要的。空口说白话，能教不能做的老师他也是不要的。他又是一位大公无私的好汉。他飘洋求师，不是为着他一个人的长生不老，他所求的是猴类大家的幸福。你看他在生死簿上把猴属之类但有名者，一概勾之；得了瑶池之玉液琼浆也是拿回洞来大家吃。他的目的是：老孙、二孙、三孙、细孙、小孙——一家孙、一国孙、一窝孙，一个个长生不老。如果他是师范生，他决不访那教人做奴隶的老师，也决不访那教少数人做主人多数人做奴隶的老师；他所要访的是教一家人、一国人、一世界人，个个做主人的老师。

第三件，他抱着目的求学。孙悟空在斜月三星洞住了好久，一日，须菩提祖师登坛讲道，问他说："你今要从我学些什么道？"悟空道："只要有些道儿气，弟子便就学了。"祖师道："道字门中有三百六十旁门，旁门皆有正果，不知你学哪一门哩？……我教你个术字门中之道，如何？"悟空道："术门之道怎么说？"祖师道："术字门中，乃是些请仙扶鸾，问卜揲蓍，能知趋吉避凶之理。"悟空道："似这般可得长生么？"祖师道："不能！不能！"悟空道："不学！不学！"祖师又拿"流字门"、"静字门"、"动字门"中之道问他学不学，他总是反问道："似这般可得长生么？"祖师道："不能！不能！"他便说："不学！不学！"祖师闻言，咄的一声，跳下高台，手持戒尺，指定悟空道："你这猢狲，这般不学，那般不学，却待怎么？"走上前，将悟空头上打了三下，倒背着手，走入里面，将中门关了，撇下大众而去。悟空心中明白，这是祖师暗示叫他三更时分从后门进去传道。悟空当夜依着暗示进去，果然得着长生之道，还学了七十二套地煞变，和一翻十万八千里的筋斗云。

由此可见，孙悟空不是一个糊涂的学生。他抱着一个"长生不老"的目的而来，必定要得到一个"长生不老"的道理才去。凡是不合这个目的的东西，他一概不学。学做先生的道门中有几多旁门，我可不知道，可是现在通行的一个，便是"讲"字门，大家好像都以为这讲字门中有正果可找。假使孙悟空做了师范生，教员问他说："我教你个讲字门中之道，如何？"悟空必定问："讲门之道怎么说？"教员说："讲字门中，乃是些上堂下课，高谈阔论，好比一部留声机器。"悟空必定要追问到底，如果不能达到他的大目的，他的断语必定是："不学！不学！"

我们做学生的当中有多少是像孙悟空这样认真的啊？

变吧！变吧！
变个孙悟空，
飘洋过海访师宗。
三百六十旁门都不学，
一心要学长生不老翁。
七十二般变化般般会，
翻个筋斗十万八千里儿路路通。
学得本领何处用？
揭起革命旗儿闹天宫。
失败英雄君莫笑，
保个唐僧过难亦威风。
降妖伏怪无敌手，
不到西天誓不东。

请看今日座上战斗佛,

岂不是当年人人嘴里的雷公?

师范生要变做孙悟空的道理是说明白了。但是既有孙悟空,便有唐三藏。师范生变了孙悟空,那唐僧推谁去做呢? 师范生的唐僧是小朋友。师范生应该拜小朋友做师傅,也如同孙行者的本领比唐僧大倒要做唐僧的徒弟。小朋友是我们的总指导。不愿受小朋友指导的人不配指导小朋友。唐僧向西天取经,经过了八十一难,若不是孙悟空保驾,也不知死了几十次,哪能得到正果? 小孩子学着做人,一身遇着的病魔、恶父母、坏朋友、假教员,个个都是吃人的妖怪,差不多也好比是唐僧的八十一难,若没有孙悟空的心术和本领的师范生保驾,不死于病,必死于亲;不死于亲,必死于友;不死于友,必死于老师之手了。还能望他成人为民族人类谋幸福吗?

老孙! 老孙!

校长招你来,

当个师范生。

西天保谁去取经?

小朋友是你的唐僧。

(1931年)

导读 陶行知认为：作为师范学生，必须先会变成小孩子，才配做小孩子的先生，如此师生才能成为朋友，学校才能成为乐园。

师范生的第二变

——变个小孩子

"小孩子懂得什么？"

在这个态度下，牛顿是被认为笨伯，瓦特是被认为凡庸，爱迪生是被认为坏蛋。

你若想在笨伯中体会出真牛顿，在凡庸中体会出真瓦特，在坏蛋中体会出真的爱迪生，你必得把自己变成一个小孩子。

你若不愿变小孩子，便难免要被下面两首诗说着了：

（一）

你这糊涂的先生！

你的学堂成了害人坑！

你的墨水笔下有冤魂！

你说瓦特庸，

你说牛顿笨，

你说像个鸡蛋坏了的爱迪生。

若信你的话，

哪儿来火轮？

哪儿来电灯？

哪儿来的微积分？

（二）

你这糊涂的先生！

你的教鞭下有瓦特，

你的冷眼里有牛顿，

你的讥笑中有爱迪生。

你别忙着把他们赶跑。

你可要等到

坐火轮，

点电灯，

学微积分，

才认他们是你当年的小学生？

倘使被这两首诗说中，那是多么可悔恨的一件事啊！

"小孩子懂得什么？"

小孩子是再大无比的一个发明家。生下地一团漆黑，过不了几年，如果没有受过母亲、先生和老妈子的愚惑，便把一个世界看得水晶样的透明。他能把您问倒。这有什么羞耻？倘使您能完全回答小孩子的问题，便取得一百个博士的头衔也不为多。

您不可轻视小孩子的情感！

他给您一块糖吃，是有汽车大王捐助一万万元的慷慨。他做了一个纸鸢飞不上去，是有齐柏林飞船造不成功一样的踌躇。他失手打破了一个泥娃娃，是有一个寡妇死了独生子那么悲哀。他没有打着他所讨厌的人，便好像是罗斯福讨不着机会带兵去打德国一般的怄气。他受了你盛怒下的鞭挞，连在梦里也觉得有法国革命模样的恐怖。他写字想得双圈没有得着，仿佛是候选总统落了选一样的失意。他想您抱他一会儿而您偏去抱了别的孩子，好比是一个爱人被人夺了去一般的伤心。

人人都说小孩子，

谁知人小心不小。

您若小看小孩子，

便比小孩还要小！

未来的先生们！忘了你们的年纪，变个十足的小孩子，加入在小孩子的队伍里去吧！您若变成小孩子，便有惊人的奇迹出现：师生立刻成为朋友，学校立刻成为乐园；您立刻觉得是和小孩子一般儿大，一块儿玩，一处儿做工，谁也不觉得您是先生，您便成了真正的先生。您立刻会发现小孩子的能力大得很：他能做许多您不能做的事，也能做许多您以为他不能做的事。等到您重新生为一个小孩子，您会发现别的小孩子是和从前所想的小孩子不同了。

我们必得会变小孩子，才配做小孩子的先生。师范学校的同学们！小孩子变得成功便算毕业；变不成功，休想拿文凭！

我们却要审查一番，这第二变的小孩子与那第一变的孙悟空有无重复。师范生既然会变孙悟空，那么凡是孙悟空所会变的，师范生都能变了。现在留下的问题是："孙悟空可会变小孩子？"我们调查他的生平，他只能变一个表面的小孩子，而不能变一个内外如一的小孩子。他在狮驼洞曾经变过一个小钻风，被一个妖怪察觉，"揭起衣裳看时，足足是个弼马温。原来行者有七十二般变化，若是变飞禽、走兽、花木、器皿、昆虫之类，却就连身子滚云了。但变人物，却只是头脸变了，身子变不过来，果然一身黄毛，两块红股，一条尾巴"。所以：

儿童园里无老翁；

老翁个个变儿童。

变儿童，

莫学孙悟空！

他在狮驼洞，

也曾变过小钻风。

小钻风，

脸儿模样般般像，

拖着一条尾巴儿两股红！

（1931年）

导读 在本文中，陶行知不厌其烦地详细罗列了七十种生活能力与教学指导，其目的在于表明教育、生活之杂，要达到教学做合一，不仅要用书而且还要用得足够，用得适当。

教学做合一下之教科书

教学做合一是生活教育之方法之理论。这理论同时叙述生活教育之现象与过程。所以要想讨论这个理论对于教科书之要求，先须说明什么是生活教育，什么是教学做合一。

什么是生活教育。生活教育是以生活为中心之教育。它不是要使教育与生活联络。一提到联络，便含有彼此相处的意思。倘使我们主张教育与生活联络，便不啻承认教育与生活是两个个体，好像一个是张三，一个是李四，平日不相识，现在要互递名片结为朋友。联络的本意原想使教育与生活发生更密切的关系，不知道一把它们看作两个个体，便使它们格外疏远了。生活与教育是一个东西，不是两个东西。在生活教育的观点看来，它们是一个现象的两个名称，好比一个人的小名与学名。先生用学名喊他，妈妈用小名喊他，毕竟他是他，不是她。生活即教育，是生活便是教育；不是生活便不是教育。分开来说，过什么生活便是受什么教育：过康健的生活便是受康健的教育；过科学的生活便是受科学的教育；过劳动的生活便是受劳动的教育；过艺术的生活便是受艺术的教育；过社会革命的生活便是受社会革命的教育。以此类推，我们可以说：好生活是好教育；坏生活是坏教育；高尚的生活是高尚的教育；下流的生活是下流的教育；合理的生活是合理的教育；不合理的生活是不合理的教育；有目的的生活是有目的的教育；无目的的生活是无目的的教育。反过来说，平日过的是少爷小姐的生活，便念尽了汗牛充栋的劳动书，也不算是劳动教育；平日过的是奴隶牛马的生活，便把《民权初步》念得透熟，熟得倒过来背，也算不了民权教育。没有生活做中心的教育是死教育，没有生活做中心的学校是死学校，没有生活做中心的书本是死书本。在死教育、死学校、死书本里鬼混的人是死人——先生是先死，学生是学死！先死与学死所造成的国是死国，所造成的世界是死世界。

什么是教学做合一。教学做合一是生活现象之说明，即是教育现象之说明。在生活里，对事说是做，对己之长进说是学，对人之影响说是教。教学做只是一种生活之三方面，而不是三个各不相谋的过程。同时，教学做合一是生活法，也就是教育法。它的含义是：教的方法根据学的方法；学的方法根据做的方法。事怎样做便怎样学，怎样学便怎样教。教与学都以做为中心。在做上教的是先生，在做上学的是学生。在这个定义下，先生与学生失去了通常的严格的区别，在做上相教相学倒成了人生普遍的现象。做既成了教学之中心，便有特殊说明之必要。我们怕人用"做"当招牌而安于盲行盲动，所以下了一个定义："做"是在劳力上劳心。因此，"做"含有下列三种特征：

（一）行动；

（二）思想；

（三）新价值之产生。

一面行，一面想，必然产生新价值。鲁滨孙在失望之岛上缺少一个放水的小缸。一天烧饭，他看见一块泥土被火烧得像石头样的硬。他想，一块碎土既有如此变化，那么用这土造成一个东西，或者也能如此变化。他要试试看。他动手用土造成三个小缸的样子，架起火来把它们烧得通红，渐渐的冷下去，便成了三只坚固而不漏水的小缸。这里有行动，有思想，有新价值之产生——泥土变成水缸。这是做。这是教学做合一之做。

做是发明，是创造，是实验，是建设，是生产，是破坏，是奋斗，是探寻出路。

是活人必定做。活一天，做一天；活到老，做到老。如果我们承认小孩子也是活人，便须让他们做。小孩子的做是小发明，小创造，小实验，小建设，小生产，小破坏，小奋斗，探寻小出路。小孩子的做是小做，不是假做。"假做"不是生活教育所能允许的。

我也不是主张狭义的"做"，抹煞一切文艺。迎春姊妹和宝玉在荇叶渚上了船，跟着贾母的船撑向花溆去玩。宝玉说："这些破荷叶可恨！怎么还不叫人来拔去？……"黛玉说："我最不喜欢李义山的诗，只喜欢他这一句：'留得残荷听雨声。'偏你们又不留着残荷了。"宝玉说："果然好句！以后咱们别叫拔去了！"这里也有行动，有思想，有新价值之产生——破荷叶变成天然的乐器！领悟得这一点，才不至于误会教学做合一之根本意义。

既是这样，那么我们可以说：不做无学；不做无教；不能引导人做之教育，是假教育；不能引导人做之学校，是假学校；不能引导人做之书本，是假书本。在假教育、假学校、假书本里自骗骗人的人，是假人——先生是假先生，学生是假学生。假先生和假学生所造成的国是假国，所造成的世界是假世界。

生活教育与教学做合一对于书之根本态度。生活教育指示我们说：过什么生活用什么书。教学做合一指示我们说：做什么事用什么书。这两句话只是一句话的两样说法。我们对于书的根本态度是：书是一种工具，一种生活的工具，一种"做"的工具。工具是给人用的；书也是给人用的。我们对一本书的见面问，是：您有什么用处（当然是广义的用处）？为读书而读书，为讲书而讲书，为听书而听书，为看书而看书，再不应该夺取我们宝贵的光阴。用书必有目的。遇到一本书我们必须问：您能帮助我把这件事做得好些吗？您能帮助我过一过更丰富的生活吗？我们用书，有时要读，有时要讲，有时要听，有时要看；但是读、讲、听、看都有一贯的目的，这目的便是它们对于"用"的贡献。在《诗的学校》里有一首诗描写我们对于书的总态度：

斫书如用刀，

不快便须磨。

呆磨不切菜，

何以见婆婆？

　　中国教科书之总批评。我们试把光绪年间出版的教科书和现在出版的教科书比较一下，可以看出一件惊人的事实，这事实便是三十年来，中国的教科书在枝节上虽有好些进步，但是在根本上是一点儿变化也没有。三十年前中国的教科书是以文字做中心，到现在，中国的教科书还是以文字做中心。进步的地方：从前是一个一个字的认，现在是一句一句的认；从前是用文言文，现在是小学用白话文，中学参用白话文与文言文；从前所写的文字是依着忠君、尊孔、尚公、尚武、尚实的宗旨，现在所写的文字是依着三民主义的宗旨。但是教科书的根本意义毫未改变，现在和从前一样，教科书是认字的书、读文的书罢了。从农业文明过渡到工业文明最重要的知识技能，无过于自然科学。没有真正可以驾驭自然势力的科学，则农业文明必然破产，工业文明建不起来，那是多么危险的事啊！但是把通行的小学常识与初中自然教科书拿来审查一番，您立刻发现它们只是科学的识字书，只是科学的论文书。这些书使您觉得读到胡子白也不能叫您得着丝毫驾驭自然的力量。这些教科书不教您在利用自然上认识自然。它们不教您试验，不教您创造。它们只能把您造成一个自然科学的书呆子。国民党以党义治国；党义，从国民党的观点看来，又是何等重大的一门功课呀！固然，国军既到南京之后，没有一家书店不赶着编辑党义教科书。党政府看了这些教科书也以为教育从此可以党化，小孩子个个都可以成为"三民主义"的信徒了。但是把这些书仔细看一看，不由您又要惊讶了，您立刻发现它们只是党义识字书，只是党义论文书。它们教您识民权的字，不教您拿民权；教您读民主的书，不教您干民主的事。在这些书里您又可以看出编辑人引您开倒车，开到义和团时代以前。他们不教小朋友在家里、校里、杠里、市里去干一点小建设、小生产以立建国之基础，却教小孩子去治国平天下，这不是像从前蒙童馆里的冬烘先生拿《大学》、《中庸》把小朋友当小鸭子硬填吗？照这样干法，我可以断定，小孩子决不会成为三民主义有力量的信徒，至多，他们可以成为三民主义的书呆子。

中国的教科书虽然以文字做中心，但是所用的文字不是第一流的文字。山德孙先生在昂多学校里就不用教科书。他批评英国的教科书为最坏的书。中国初中以下的教科书不比英国的好。我读了中国出版的教科书之后，我的感想和山德孙先生差不多。我不能恭维中国初中以下的教科书是小孩子值得读的书。在我的《中国自然科学教科书之解剖》一篇论文中，我将毫不避讳也罗列各家教科书之病菌，放在显微镜下，请大家自己去看。我现在只想举一个普通的例子来做个证明。诸位读了下面三节教科书作何感想？

甲家书馆	乙家书馆	丙家书馆
大狗叫，	小小猫，	小小猫，
小狗跳。	快快跑。	小小猫。
叫一叫，	小小猫，	快快跑，
跳两跳。	快快跑。	快快跑。

若不是因为每个小学生必得有一本教科书，每本教科书必得有书馆编好由教育部审定，谁愿意买这种有字有音而没有意义的东西呀？请诸位再看刘姥姥赴贾母宴会在席上低着头引得大家哄堂大笑的几句话：

老刘，老刘，

食量大如牛，

吃个老母猪，

不抬头。

　　这样现成的好文学在以文字为中心的教科书中竟找不着一个地位，而"大狗叫，小狗跳"的无意义的文字，居然几百万部的推销出去。所以中国教科书虽以文字为中心，却没有把最好的文字收进去。这是编书人之过，不是文字中心之过。

　　中国的教科书，不但用不好的文字做中心，并且用零碎的文字做中心，每课教几个字，传授一点零碎的知识。学生读了一课，便以为完了，再也没有进一步追求之引导。我们读《水浒》、《红楼梦》、《鲁滨孙飘流记》一类小说的时候，读了第一节便想读第二节，甚至于从早晨读到夜晚，从夜晚读到天亮，要把它一口气读完了才觉得痛快。中国的教科书是以零碎文字做中心，没有这种力量。有人说，中国文人是蛀书虫。可是教科书连培养蛀书虫的力量也没有。蛀书虫为什么蛀书？因为书中有好吃的东西，使它吃了又要吃。吃教科书如同吃蜡，吃了一回，再不想吃第二回，连蛀书虫也养不成！可是，这也是编书人不会运用文字之过，不是文字中心之过。

　　文字中心之过在以文字当教育，以为文字之外别无教育。以文字做中心之教科书，实便于先生讲解，学生静听。于是讲书、听书、读书便等于正式教育而占领了几乎全部之时间。它使人坐而言，不使人起而行。教育好比是菜蔬，文字好比是纤维，生活好比是各种维他命（Vitamin）。以文字为中心而忽略生活的教科书，好比是有纤维而无维他命之菜蔬，吃了不能滋养体力。中国的教科书，是没有维他命的书。它是上海上等白米，吃了叫人害脚气病，寸步难行。它是中国小孩子的手铐，害得他们双手无能。它是死的、假的、静止的；它没有生命的力量。它是创造、建设、生产的最大的障碍物。它叫中国站在那儿望着农业文明破产而跳不到工业文明的对岸去。请看中国火车行了几十年而第一个火车头今年才造起来，这是中国科学八股无能之铁证！而这位制造中国第一个火车头之工程师，十分之九没有吃过上海白米式的科学教科书。或者也吃过，后来又吃了些糠秕，才把脚气病医好，造了这部特别难产的火车头。以文字做中心的教科书，在二十世纪里是产生不出力量，最多，如果用好的文字好好地编，也不过能够产生一些小小书呆子、小小蛀书虫。

假使再来一个秦始皇，把一切的教科书烧掉，世界上会失去什么？

大书呆子没有书教，小书呆子没有书读，书呆头儿出个条子："本校找不到教科书，暂时停课。"

于是，有的出去飘洋游历，也许会成达尔文；有的在火车上去卖报做化学实验，也许会成爱迪生；有的带着小朋友们上山游玩，也许会成柯斯忒；有的回去放牛、砍柴、捞鱼、种田、缫丝，多赚几口饭儿吃。少几个吃饭不做事的书呆子，多几个生产者、建设者、创造者、发明者，大概是这位秦始皇第二的贡献吧。

生活教育与教学做合一之总要求。我们要活的书，不要死的书；要真的书，不要假的书；要动的书，不要静的书；要用的书，不要读的书。总体来说，我们要以生活为中心的教学做指导，不要以文字为中心的教科书。我要声明在先，我并不拘泥于文字之改变。倘使真的拿生活为中心使文字退到工具的地位，从死的、假的、静的、读的，一变而为活的、真的、动的、用的，那么就称它为教科书，我也不反对；倘使名字改为生活用书或教学做指导，还是以文字为中心，便利先生讲解，学生静听，而不引人去做，我也不能赞成。但是，如果能够做到名实相符，那就格外的好了。

生活用书或教学做指导，是怎样编法呢？最先须将一个现代社会的生活或该有力量，一样一样的列举，归类组成一个整个的生活系统，即组成一个用书系统。例如：

要培养的生活力	要用的书
一，防备霍乱	一，防备霍乱指导
二，防备伤寒	二，防备伤寒指导
三，防备天花	三，防备天花指导

四，防备感冒	四，防备感冒指导
五，防备肺痨	四，防备肺痨指导
六，防备梅毒	六，防备梅毒指导
七，打篮球	七，打篮球指导
八，踢球	八，踢球指导
九，选择食物	九，选择食物指导
一〇，选择衣料	一〇，选择衣料指导
一一，种菜	一一，种菜指导
一二，种麦	一二，种麦指导
一三，种树	一三，种树指导
一四，养蚕	一四，养蚕指导
一五，养鸡	一五，养鸡指导
一六，养鱼	一六，养鱼指导
一七，养鸟	一七，养鸟指导
一八，纺纱	一八，纺纱指导
一九，织布	一九，织布指导
二〇，扫地	二〇，扫地指导
二一，调换新鲜空气	二一，调换新鲜空气指导
二二，用风车水	二二，用风车水指导
二三，制造抽气唧筒	二三，制造抽气唧筒指导
二四，制造气压表	二四，制造气压表指导
二五，用空气压力钻钢	二五，用空气压力钻钢指导
二六，用氮气做肥料	二六，用氮气做肥料指导
二七，用太阳光烧饭	二七，用太阳光烧饭指导
二八，用太阳光杀菌	二八，用太阳光杀菌指导
二九，用太阳光照相	二九，用太阳光照相指导

三〇，用水推磨　　　　　三〇，用水推磨指导

三一，用水发电　　　　　三一，用水发电指导

三二，用水化铁　　　　　三二，用水化铁指导

三三，用磁石发电　　　　三三，用磁石发电指导

三四，造罗盘　　　　　　三四，造罗盘指导

三五，用电池举钢铁　　　三五，用电池举钢铁指导

三六，用煤黑油取原料　　三六，用煤黑油取原料指导

三七，造汽车　　　　　　三七，造汽车指导

三八，造蒸汽机　　　　　三八，造蒸汽机指导

三九，用电发光　　　　　三九，用电发光指导

四〇，用电推车　　　　　四〇，用电推车指导

四一，用电谈话　　　　　四一，用电谈话指导

四二，用电相见　　　　　四二，用电相见指导

四三，用泥造瓷器　　　　四三，用泥造瓷器指导

四四，造屋　　　　　　　四四，造屋指导

四五，造桥　　　　　　　四五，造桥指导

四六，造船　　　　　　　四六，造船指导

四七，造纸　　　　　　　四七，造纸指导

四八，造飞机　　　　　　四八，造飞机指导

四九，用显微镜看细菌　　四九，用显微镜看细菌指导

五〇，用望远镜看天象　　五〇，用望远镜看天象指导

五一，编剧　　　　　　　五一，编剧指导

五二，演戏　　　　　　　五二，演戏指导

五三，布景　　　　　　　五三，布景指导

五四，唱歌　　　　　　　五四，唱歌指导

五五，画水彩画　　　　　五五，画水彩画指导

五六，画油画	五六，画油画指导
五七，写诗文	五七，写诗文指导
五八，雕刻	五八，雕刻指导
五九，弹琴	五九，弹琴指导
六〇，说话	六〇，说话指导
六一，恋爱	六一，恋爱指导
六二，治家	六二，治家指导
六三，生育	六三，生育指导
六四，限制教育	六四，限制教育指导
六五，团体自治	六五，团体自治指导
六六，掌民权	六六，掌民权指导
六七，师生创校	六七，师生创校指导
六八，创造富的社会	六八，创造富的社会指导
六九，人类互助	六九，人类互助指导
七〇，创造五生世界①	七〇，创造五生世界指导

以上七十种生活力和教学做指导，不过是我个人随手所举的例子。把他们归起类来（一）至（一〇）属于康健生活；（一一）至（二〇）属于劳动生活；（二一）至（五〇）属于科学生活；（五一）至（六〇）属于艺术生活；（六一）至（七〇）属于社会改造生活。我想这些例子不过是全部生活力之少数，内中之概括的还应该细分，如养鱼便可分为养金鱼，养青鱼，制造相生水族池等等，统统算起来重要的总在三千种以上。我们姑且可以普通的说，我们有三千种生活力要培养，即有三千种教学做指导要编辑。这些生活力，有些是很小的小孩子便应当有，有些是很成熟的人才可以得；有些是学了就可以变换，有些是要继续不断地干；有些是一人能做，有些非多人合作不办，有些是

---

① 五生指少生、好生、贵生、厚生、共生。

现代人共同所需，有些是各有所好，听人选择。专家依性质、学习把他们一一编起来，并编一些建在具体经验上面融会贯通的理论，便造成整个的用书的系统，帮助着实现那丰富的现代生活。我们还要随着学术进步，继续修改扩充，使用书继长增高地进步，帮助着生活继长增高地向前向上进。

照这样看来，教学做合一的理论不是不要书；它要用的书的数目之大，比现在的教科书要多得多。它只是不要纯粹以文字来做中心的教科书。因为这些书是木头刀切不下菜来。过什么生活用什么书。做什么事用什么书。不用书，或用书而用得不够，用得不当，都非教学做合一的理论所允许的。

教学做指导编得对不对，好不好，可以下列三种标准判断它。

（一）看它有没有引导人动作的力量，看它有没有引导人干了一个动作又要干一个动作的力量。中国人的手中了旧文化的毒已经瘫了，看它能否给他打一针，使一双废手变成一双开天辟地的手。我们要看它能否把双料少爷的长指甲剪掉，能否把双料小姐的手镯戒指脱掉，能否把活活泼泼的小孩们的传统的几十斤重的手铐卸掉，使八万万只无能的手都变成万能的手。

（二）看它有没有引导人思想的力量，看它有没有引导人想了又想的力量。中国文人的头脑做了几千年的字纸篓；中国农人女人的头脑做了几千年的真空管。我们现在要请大家的头脑出来做双手的司令官，我们要头脑出来监工。我们不但是要做，并且要做得好。如何可以做得好，做得比昨天好，这是头脑的天职。我们遇了一本书便要问它是否给人的头脑全权指导一切要做的事。

（三）看它有没有引导人产生新价值的力量，看它有没有引导人产生新益求新的新价值的力量。我在《乡村教师》上曾经写过十几首诗，描写一位乡村教师的生活，内中有一首是：

　　人生两个宝，

　　双手与大脑。

宁做鲁滨孙，

羊刀辟荒岛。

中国教育之通病是教用脑的人不用手，不教用手的人用脑，所以一无所能。中国教育革命的对策是使手脑联盟，结果是手与脑的力量都可以大到不可思议。手脑联盟，则污秽的垃圾可以用来点灯烧饭，窒人的氮气可以用来做养人的肥田粉，煤黑油里可以取出几十种的颜料，一粒种子可以长成几百粒谷，无饭大家饿的穷国可以变成有饭大家吃的富社会。只要头脑子命令双手拿起锄头、锯子、玻璃管、电动机去生产、建设、试验、创造，自然是别有天地了。

生活用书的体裁内容也不可一律，大致说起来，我有下列的建议：

（一）做的目标。

（二）做的材料。

（三）做的方法。

（四）做的工具。

（五）做的理论。

（六）从做这事引导人想到做那事。

（七）如做的事与时令有关便要有做的时令。

（八）如做的事与经济有关便要有做的预算。

（九）如做的事须有途径之指示便要有做的图。

（十）如做的事须多人合作便要有做的人的组织。

（十一）如做的事须多方参考便要有做的参考书籍。

（十二）如做的事与别的事有多方的关系便要有做的种种关系上的说明。

（十三）在做上学的人可引导他记载做的过程，做的结果，做上发生的问题与心得。

（十四）在做上教的人可引导他指示进行考核成绩。

这十四条不是像从前五段教授样要人家刻印板的遵守的。如果您能把它们一齐打破，天衣无缝的写成一本可用的书也未为不可，或者竟是更为可贵。《鲁滨孙飘流记》是一部小说，也是一部探险与开创的教学做指导。歌德失恋，写《少年维特之烦恼》，创造一个维特去替死，那么歌德的恋爱史与《少年维特之烦恼》，当作一部恋爱指导用也很合宜。同样《水浒》是一部打抱不平之指导。自然科学教学做指导，能写到法布尔的几部顶好著作那样好，减少一些闲话，增加一点小孩子自己做的机会也就很好了。最要紧的是著书人独出心裁，若求一律，反而呆板了。

初进学校的学生，要他自用教学做指导，当然是不可能。但是他虽然认不得字，话语听得懂，先生不能教他吗？年长的同学不能助他吗？初年级的学生，多数的生活力不能从文字上去取得。若受文字的限制，生活更枯燥无味。故初年级的教学做指导，除说话（即国语）一门外，都可编为先生用书，先生在做上教时所用的书，那么，这个困难便没有了。即就说话一门说，也不必太拘于生字之多少。只要是小孩子爱说的话，便多几个字也不要紧。若是头一课只限于四五个字，编不成好听的话，那么，比十几个字还难认。认字与写字也不必同时兼顾，若认的字一定要写，那么，又只好限于几个字，而流于枯燥了。

我想要使这个用书的计划实现，必须有下列六种条件：

（一）各门专家中须有几位去接近小孩子，或竟毅然去当几年中小学教员，一面实验，一面编辑几部教学做指导。

（二）现在接近小孩子的中小学教师，须有许多位，各人开始研究一门科学，待研究有得，可以编辑几部教学做指导。

（三）现在教科书的编辑者有志编辑生活用书，如缺少某种准备、专科学术或儿童经验，亦宜设法补足，然后动手编辑。

（四）现在商务印书馆、中华书局、世界书局每年大部分收入是从小朋友那里来的，应该多下点本钱，搜罗各国儿童、成人用书（不是教科书）和工具，聘请上列三种人才，为小朋友多编几部可用的好书。

（五）教育行政当局，从中央以下直到校长，该给教员们以试验，或选择书本之自由。现在行政方面之趋势是太一律，太呆板，若不改弦更张，实无创造之可能。

（六）全民族对于中国现代的无能的教育，该有觉悟，对于教学做合一之理论，该使之普遍实现，若再因循苟且，则可以救国之教育，将变成亡国之催命符。到了那时，虽悔也来不及了。如果大家从此下一个决心，在头脑指挥之下，把双手从长袖里伸出来，左手拿着科学，右手开着机器生产、建设、创造，必定能开辟出一个新天地来。荣枯、安危、存亡之故，只在念头之一转和双手之一动，用不着到远处去求啊！

（1931年）

导读 民主与科学的追求是中国新文化运动的核心观念和基本价值，作为教育家的陶行知所给予学生的教育必然包含科学这一重要内容。本文是陶行知在杭州师范学校的演讲，演讲结束，他当即让他的儿子陶晓光等现场演示了科学实验。

儿童科学教育

在二十世纪科学昌明的时代，应当有一个科学的中国。然而科学的中国，谁来负起造就的责任？就是一班小学教师。造成科学的中国，责任大得很啦。小学教师们一定要说："我们负不起这种重大的责任。"别怕。我想，造成科学的中国，也只有小学教师可以负责。因为要建设科学的中国，第一步是要使得中国人个个都知道科学，要使个个人对于科学上发生兴趣。年龄稍大的成人们，对于科学引不起他们的兴趣来。只有在小孩子身上，施以一和科学教育，培养他们科学的兴趣，发展他们科学上的天才。只要在孩子们中培养出像爱迪生那样的几个科学杰出人才，便不难使中国立刻科学化。所以我说要造成科学的中国，责任是在小学教师。但是谈到科学教育，在施行上大家都觉有些难色，因为科学是一种很高深很精微的学问，小学教师的本身，对于斗学尚未登堂入室，而要负起科学教育的责任，谈何容易。殊不知科学并不是很难的东西，高深的科学，固然很难研究，但是浅显的科学，我们日常玩着的，人人都会做。我们用科学的教育训练小孩子，譬如教小孩子爬树。你教人爬树，如果从小教起，到了长大，便会爬到树顶。如果教成年人爬树，势必爬到皮破血流，非特爬不到顶，并且于他的手足伤害甚多。所以我们必先造就了科学的小孩子，方才有科学的中国。

造成科学的小孩子，向来教师是不注意的。检查过去的事实，父亲母亲倒或有一些帮助。如今我要讲两个故事，一是讲述一个造就科学小孩子的父亲，一是讲述一个造就科学小孩子的母亲。我们不是大家都知道一位大科学家富兰克林（Franklin）吗？富氏是证明天空的电，和我们人工摩擦出来的电是一样的东西。天空的电，可以打死人，富氏于是制成避电针。他是在科学上一位很有贡献的学者。他的父亲是做肥皂和洋烛的，他自己能教小孩子。富氏入校读书不久，便去学手艺。他的父亲任凭他东去看看，西去做做，随意的、自由的去工作，去参观。他愿意做什么，便让他做什么，所以使他对于工厂中的化学和工作很有兴趣。富氏自传中谈起他四十岁然后从事于科学，然而富氏对于科学的兴趣，在很小时候，东看西玩的已经培养成了，这是他父亲的功绩。所以小学教师也须得率领儿童时常到工厂、农场和其他相当的地方去玩玩。

去世不久的爱迪生氏，举世都承认他是一位大科学家。他关于电气上的发明，数目真可惊人。他有一个很好的母亲。他不过进了三个月的学校。在校时，校中的教师，都当他是一个十分顽劣的小孩，所以入校三个月，便把他开除了。爱迪生从此以后也再没有进过学校。他的母亲知道自己的小孩子并非坏东西，反觉校中教师只会教历史、地理，不能适合自己孩子的需要。因为那个时候的爱迪生，十分爱玩科学的把戏，在学校的时候，也只爱玩这一套而不留心学业，所以遭受教师的厌恶。西洋人的家里，都有一个贮藏杂物的地窖，爱迪生即在他家中的地窖里玩他科学的把戏。他在地窖中藏着许多玻璃瓶，瓶里都是藏着化学品，有的药品而且是毒性猛烈的。爱迪生的母亲，起初亦不愿孩子玩那些毒药，要想加以制止，但是不可能，于是也任他去玩了。玩化学上的把戏，须要用钱买药品，爱氏在替他母亲出外买东西时，必定要揩一些油，藏几个钱来，去买药品。后来他做了报贩，在火车上卖报，他卖报赚下来的钱，大部分是去买化学药品的。他并且在火车上堆货包的车棚里，贮藏他的玩意儿，报纸卖完，便躲在车棚里玩他的把戏。有一回，车棚坏了，把他化学的瓶子打破，于是烈火熊熊，把破旧的车棚烧了起来。车上的警士跑来一看，知道是爱迪生出的岔子，于是猛力的向爱氏一个耳刮，把爱氏的耳朵打聋了。后来据他自己说，耳朵聋了以后，反而使他专心科学。

我希望中国的父亲，都学做富兰克林的父亲；中国的母亲，都学做爱迪生的母亲。任凭自己的小孩子去玩把戏，或许在其中可以走出一个爱迪生来。我更希望中国的男教师学做富兰克林的父亲，女教师学做爱迪生的母亲。所以说出这两个故事，作为我提倡科学教育的楔子。

再说我们提倡科学教育该怎样的来干呢？我们的教育向来有许多错误，小时读书便成了小书呆子，做教师时便成了大书呆子。因此我们中国没有什么科学，没有什么爱迪生的产生。不但是中等教育完全是洋八股，就是小学也成了小书呆子的制造场。我们提倡科学，就是要提倡玩把戏，提倡玩科学的把戏。科学的小孩子是从玩科学的把戏中产生出来的。我们要小孩子玩科学的把戏，先要自己将把戏玩给他看。任小孩子自由的去玩，不能加以禁止，不能说玩把戏的孩子是坏蛋。

西晋时，江苏宜兴有一位叫周处的，他有些无赖的行为。当时宜兴的父老，称说地方有三害，一是南山猛虎，一是长桥蛟龙，一就是指周处。周处听到了这话，他便杀了猛虎，刺死蛟龙，自己亦改过自新，替地方上除掉三害。我们从事教育的人，也要学做周处，须得自己悔悟，改过自新，再不要教成书呆的小孩子，而要造就科学的小孩子。然则取怎样的态度呢？我可以略为申述我的意见：

（1）每个教师都变成小孩子，加入小孩子队里玩把戏。所谓把戏，并不是上海"大世界"游艺场所玩的把戏。像教师这样的尊严，说加入孩子人中玩把戏，似乎不妥当。然而科学把戏，和别的把戏不同。把戏上面加着科学二字，冠冕得多。教师应当和小孩子一起玩，而且应当引导小孩子一同玩。大世界的把戏是秘密的，科学的把戏是公开的。知道的就告诉学生，能做的就做给学生看，总须热忱的去干。

（2）我们对于科学的把戏，既是愿意和小孩子一起玩了，但是没有玩的本领那怎么办呢？不要紧，有法儿可想，我们可以找教师，请他教去。我以前曾经写了一首白话诗，诗的第一句说："宇宙为学校。"此话怎讲？就是想把我们的学校除墙去壁，拆掉藩篱，把学校和社会、和自然联合一起。这样一来，学校的范围广而且大。第二句："自然是吾师。"大自然便是我们的先生。第三、第四句说："众生皆同学，书呆不在兹。"这样一来，我们研究切磋的同学很多，学问也因此很广，先生亦复不少。怎样把我们书呆的壳子脱掉？在我个人，中了书呆子的毒很深，要返老还童的再去学习，固然困难，然而我极力还想剥去书呆的一层壳。如今我报告我的几桩经过的事情。有一回，我买了一只表送我的母亲，这表忽然坏了，便送到修钟表匠那里去修理。修表的人说："要一元六角修费。"我说："可以，不过我有一个条件，在拆开的时候，我要带领我的小孩子来看你拆。"他于是答应了。修钟表匠约定在明天下午一时。到了那个时候，我带领了四五个人同去，看他修理，看他装。完结的时候，我向修钟表匠说，你们的工具和药水是到什么地方去买的？他以为我们也去开什么修理钟表店，未免抢了他的生意经，所以秘而不宣，随随便便回答我们说是外国来的。我想物件当然是外国来，但是中国店家，当然也有卖处。上海的钟表店，最大的有"亨达利"。我且到亨达利去问声，究竟有否出卖。谁知亨达利的楼上，多是卖修钟表器械和药水的场所，我便买了几样回来。当晚就到小押当里面去买到了一只表，花钱七角。拿回动手开拆，拆时不费多久，一下便拆开了．但是装可装不上去。直到晚上十二点钟，方才成功。于是大家欢天喜地，不亦乐乎。第二、第三天，大家学着做修表拆表的工作，学不多时，好而且快。有一位董先生，他是擅长绘画的，于是叫他拆一部画一部，经此一番工作，而装钟拆钟，全部告成。我们在这一桩事实中，可以说，社会各处都可求获一种技能。钟表店是我们的教室，钟表匠是我们的教师，一元六角便是我们所纳的学费；而我们同去学的儿子、父亲、朋友，都成了同学。回家学习，学习会的，便算对于这一课已经及格。在同道中间，只有我尚不及格，因为我小时手没有训练，书吃得太多，书呆程度太深了。如果我小时候的先生，他用这种方法教我，我不致如此啊！但是我们自己只要肯干，我们的先生很多，不要自己顾虑的。

我如今再举一个例子。南京的晓庄学校，自从停顿以后，校具都没有了。如今晓庄又开学了，几个小学校都已恢复，幼稚园的儿童已有八十多人。我写封信对主办的人说："你们此刻的工作对象，譬如一张白纸，白纸可以随意作画。我希望你们不要乱画。第一笔切须谨慎。"从前孔夫子的讲学，讲堂里没有凳子及桌子；苏格拉底率领弟子在树下讲学，把树根当作椅子。我说这两位先生，有些书呆气，既然没有椅子坐，为什么不自己制作起来呢？如今晓庄学校没有凳子，我们可以请一个木匠来做太先生，教教师和小孩子做凳，而且给以相当的工钱。做一工，或做一张椅子，便给他多少钱。这种工作十二三岁的小孩很会做。所以自己不会教，可以请太先生。有一天我在上海，走过静安寺路，看见一个女人，手提一花络，上面插着许多棕树叶做的好玩东西。这种东西，在小孩子眼光中看来，着实比洋囡囡好看。于是我便把她请到家里，做我们的教师，教了两小时，结果给我都学会了。做几个虾儿，几只蚱蜢，真是孩子们的好玩意儿。这样看起来，七十二行，行行都可做我们的教师。

自己愿意学了，先生有了，但是学校没有钱便怎样办呢？原来大家误会得很，以为施行科学的教育，一定要大大的花一笔钱；不知有些科学不十分花钱，有些科学简直一钱都不要花。我们在无钱的时候，可以做些无钱的科学，玩些不花钱的科学把戏。譬如教小孩子看天文，教小孩子看星宿。天文是一种科学，这种科学，你如果说要花钱，便千百万块钱也可花，因为造一个天文台，置些天文镜及其他仪器，那么百万千万块钱，用去也不嫌其多。说要不花钱的话，我们也可以研究天文，推求时刻和节气。我们两只眼睛，便是一对天文镜；用两根棒，便可做窥视星宿的器具。从前小孩子问他的老师说："先生，这是什么星？"老师只摇着头说道："不知。"如今教师懂得一些科学，知道一些天文，将天空的星宿指点给小孩子看，小孩子一定兴趣浓郁。所以教科学，有钱便做有钱的布置，无钱便做无钱的事业。还有我们可以利用现成的东西，玩我们科学的把戏，譬如一只杯子、一个面盆、一根玻璃管、一张白纸，可以玩二十套科学把戏。其他校中所有的仪器，可以充分利用，火柴废纸都可做玩科学把戏的工具。我们没有玻璃管，便可用芦柴管通个孔来替代。内地如果买不到软木塞，可以用湿棉花来做瓶塞，破布烂纸，都可利用。从不花钱的地方干去，这是很有兴趣的。如果推而广之，学校之外，也可给你去干，那是兴趣更浓了。所以我们没有钱，便拣着没有钱的先干。

我如今再可以举一个例子。上海有一个外国人，他专门研究上海所有的鸟，共历五年之久，如今他著成一本书，就署称《上海的鸟》。此书价格要四块美金。另有一外国人，研究中国南部的鸟，也著了一部书，买起来要花十二三元中国钱。居住在上海的中国人，以为上海人烟稠密，哪里有什么鸟。这是他们不留心研究的缘故。据这位外国人的研究，认为上海有四十九种鸟。我们别说上海了，就是内地的乡村，以为除了雀儿、燕子、老鹰、喜鹊四五种鸟之外，没有其他的鸟。这种见地狭窄得很。如果以宇宙为学校，则我们不必在教室中求知识，四处都可以找知识，四处都有相当的材料。要研究鸟类，真不必到什么博物院、动物园中去观察，随时随地都可研究。这位外国先生，他研究鸟的方法，就是在住宅旁边多种些树，树一长大，许多鸟儿便自己送来给他观察。到了冬天，他在树上筑几个窠，留鸟儿们来住宿，庭园里撒些谷类，留过往的鸟类吃点心。夏天置几个水盆，供给鸟儿洗澡。这些研究法，不必花钱，而所得者，都是很真切的知识。

惟在研究科学教育时，有一点要注意，要预防。小学中的教师，捉到一只蝶儿、蚱蜢，便用针一根，活活的钉在一块板上，把它处死，说是做标本。这我以为不对，因为我们观察生物，是要观察活的生物，要观察生物的自然活动。如今将活的生物剥制成死的标本，致将生物学成了死物学，生物陈列所变成僵尸陈列所。我近来曾写信和研究生物学的朋友讨论及此。我以为生物不应当把它处死做标本，只可待它死了以后，再用防腐剂保护它，看作朋友死亡了，保存遗躯留个纪念。把活的东西弄死，太嫌残忍，增长儿童残酷的心理，这是不行的。这种意见，我常与研究生物的朋友讨论，他们都说对，他们和我讨论的时候态度很诚恳，想不至于奚落我罢！上海科学社中养有白鼠，工人要拿几只回去，我不许，恐怕他拿了回去要弄死。我们教小孩子能仁慈，知道爱惜生物，这点是很紧要。达尔文研究生物学，他也不轻易杀害生物。中国老年人多爱惜生物，放生戒杀，虽近迷信，也是仁者胸怀。中国的蛙，向来由政府禁止捕捉的，但是在英国，别说普通人的捕捉，便是生物实验室中想要解剖一只蛙，也要向政府去纳护照。这是很正当的。所以我们要教小孩子养生，不当教小孩子杀生。生物学是一种有兴味的科学，研究起来，也要有许多材料，但是少杀生是要注意的。

我还可以申述我得到的感触。我们知道蛙是从蝌蚪变成的，蝌蚪是粒状，像灵隐的念佛珠般大小。有一天，一个孩子从河边，淘到一群蝌蚪，移殖到天井中的一个小小池潭里，过了几天，蝌蚪生尾了，再过几天，蝌蚪生足了，小孩子观察得很快活。再过几天，蝌蚪挤得一片墨黑。但是不久，一个都没有了，这并不是成了蛙跳走了的，原来都死光了。这是因为蝌蚪长大了，还是蹲在小潭里，生活条件不适合，所以非死不可。如果我们抱着宇宙即学校的观念，那么野外的池塘，便是我们蛙的实验所，我们要看蝌蚪的变化，我们就时常到那个池塘里去看，为什么要把蝌蚪捉到家中来呢？我们任凭生物在大自然安居乐业，过它们的生活。要观察便率领小孩到自然界去观察。我们须把我们学校的范围扩展，海阔天空便是一个整个的学校。这样一来，所观察的也就比较正确可靠，生物学也不致成为死物学。不然，要讲蛙时，便捞取许多蝌蚪，养育在学校中所备的缸或瓶里，结果死得精光。我希望这样的科学教育不能提倡，否则科学教育提倡得愈厉害，杀死的生物愈多，恐怕蝌蚪死尽，中国的蛙便绝迹了。

所以提倡科学教育，有一点很要注意。欧洲大战，人家都说是科学教育的结果。科学教育之提倡，徒使人类互相残杀。中国无科学，真是中国的长处。

这是不信任科学、怀疑科学那一部分人的话。还有一部分人迷信科学，自己终日埋头的研究科学，然而忘了人类，所以拼命在科学上创造些杀人的利器。这实在错误之极。我们须知科学是一种工具，犹如一柄锋利的刀，刀可杀人，也可切菜；我们不能因为刀可杀人废弃不用，也不能专用刀去杀人，须要用刀来作切菜之用，做其有益人类的工作。科学是要谋大众幸福，解除大众苦痛。我们教小孩子科学，不要叫小孩子做少数富人的奴隶，要做大众的天使。不是徒供少数人的利用和享受，当使社会普遍的民众多受其实惠。应当用科学来养生，不当用科学来杀生。这是提倡科学教育最紧要的一点。

（1932年）

┃**导读**┃ "我们要能够做，做的最高境界就是创造。我们要能够学，学从生活中去学，只知学而不知做，就不是真的学。我们要能够教，教要教得其所，要有整个的教育，平等的行动的教育，不要像现在畸形的教育。"

创造的教育

诸位同学：

我今天的讲题是《创造的教育》。

什么是创造的教育？先说明"创造"两个字的意义。我举两个例子来说吧。鲁滨孙漂流到荒岛上去，口渴了，白天他走到海边用手去捧水喝，到黑夜里就没有办法了。他偶尔在灶的旁边，看见经火烧过的泥土，硬得如石子一样。他想到软的土经火烧了，就成坚固且硬的东西，于是他把土做成三个瓶子，放入火中去烧，烧碎了一个，其余的两个可以满满的盛着水。于是他口渴的问题完全解决了。我们把这件事分析起来，可以发现三点：他把手捧水喝，到黑夜发生了困难，是他的行动；发现泥土经过火烧变成坚固且硬的东西，也是他的行动；把泥土塑成了瓶，希望同烧过的土一样的坚固，是他的思想。结果，他瓶子盛水的计划成功了，是新价值的产生。由行动而发生思想，由思想产生新价值，这就是创造的过程。这个例子是"物质的创造"。再如《红楼梦》上刘姥姥游大观园，贾母请客，后来唤了二只船来，贾母同媳妇人等在前船先行，宝玉同姊妹们在后船后行。河内汆满着破残荷叶，宝玉的船划不快，追不上前船。宝玉心里非常愤怒，马上要铲光破荷叶。薛宝钗说："现在仆人们很忙碌，等他们空了，再叫他们铲除吧！"林黛玉说："我平生最不喜欢李义山的诗，只有一句还可以。"宝玉问她究竟是哪一句呢？黛玉说，"留得残荷听雨声"一句。宝玉一想，觉得破荷叶很有用处，就不再要铲荷叶了。这个例子中，船行到荷叶中去，是行动；破荷叶妨碍行船，是行动；林黛玉提出李义山的诗句，是思想；宝玉心中厌恶的破荷叶，一变而为可爱的天然乐器，是产生了新的价值。这种新观念的成立，是"心理的创造"。

我现在再讲行动，关于教育上的行动。中国现在的教育是关门来干的，只有思想，没行动的。教员们教死书，死教书，教书死；学生们读死书，死读书，读书死。所以那种教育是死的教育，不是行动的教育。我们知道王阳明先生是提倡"知行合一"说的，他说"知是行之始，行是知之成"。他的意思是先要脑袋里装满了学问，方才可以行动。所以大家都认为学校是求知的地方，社会是行动的地方，好像学校与社会是漠不相关的，以致造成一班只知而不行的书呆子。所以阳明先生的两句话，很可以代表中国数千年的传统教育的思想。现在我要把他的话翻半个筋斗。如果翻一个筋斗，岂非仍是还原吗，所以叫他翻半个筋斗，就是说："行是知之始，知是行之成。"例如爱迪生发明电灯，不是从前的人告诉他的，是玩把戏而偶然发现的。小孩子不敢碰洋灯泡，是他弄火烫痛的经验；至于妈妈告诉他火是烫人的，不过使小孩子格外清楚一些。所以要有知识，是要从行动中去求来，不行动而求到的知识，是靠不住的。有人告诉你这是白的，那是黑的，你不行动，就不能知道哪个是真，哪个是假。有行动的勇敢，才有真知识的收获。书本子的东西，不过告诉你别人得来的知识。有许多人著书，东抄西袭，这种抄袭成章的知识，不是自己知识的贡献。你能行动，行动产生困难，想法解决了困难，才是真知识的获得。我现在介绍杜威先生思想的反省中的五个步骤：（一）感觉困难；（二）审查困难所在；（三）设法去解决；（四）择一去尝试；（五）屡试屡验，得到结论。我的意思，要在"感觉困难"上边添一步："行动。"因为惟其行动，到行不通的时候，方才觉得困难，困难而求解决，于是有新价值的产生。所以我说行动是老子，思想是儿子，创造是孙子。你要有孙子，非先有老子、儿子不可，这是一贯下来的。但是我们知道，单独的行动，也是不能创造的，如中国农夫耕种的方法，几千年来，间有小小的改良外，其余的都是墨守成规，毫无创造。还有许多书呆子，书尽管读得多，也不能创造。所以要创造，非你在用脑的时候，同时用手去实验；用手的时候，同时用脑去想不可。手和脑在一块儿干，是创造教育的开始；手脑双全，是创造教育的目的。孟子说："劳心者治人，劳力者治于人。"这是孟子当时的教育思想。时至今日，这种传统的思想已经起了一个极大的地震，渐渐地在那里崩溃了。我最近读了世界许多有名科学家的传记，觉得有发明的人，都是以头脑指挥他的行动，以行动的经验来充实他的头脑。中国的所谓学者，他们擅长的是高谈阔论，作空文章；而做劳工的人，又不读书，不肯用脑。所以一辈子在这种传统习尚下过生活，大科学家、大发明家哪里会产生？现在我们知道了，劳工教育啦，平民教育啦，都是时见时闻的。但是情势一变，"反动"、"嫌疑"等等名目都加上来，你就陷于四面碰壁的绝境。有许多教育界很有声望的、无阻无碍的人，他们又不愿去干，以致这种教育至今尚在萌芽时代。

行动的教育，要从小的时候就干起。要解放小孩的自由，让他做有意思的活动，开展他们的天才。至于我们一辈，从小是受传统教育的熏陶，到现在觉悟起来，成为一个半路出家的和尚。和尚是半路出家，他往往会想起他的家来。例如不吃鸦片的人，一见鸦片就生厌恶，但吃过鸦片的人，虽然戒了，至少对它有相当的感情。我们小的时候，有天赋的行动本能，不过一切工作都被仆人们代做去了，被慈善的妈妈代做去了。稍长一些，我们到小学校去读书，有阎罗王般的教师坐在上面，不许我们动一动。中学和大学的课程是呆呆的订死在那里，你要动亦不得动。到现在始费尽九牛二虎之力，挣扎着改变久受束缚的人生，还不能回复自然的行动本能。但是我们不要灰心，时机也并不算晚，富兰克林四十几岁才发明了电呢！不过行动的教育，应当从小就要干起，因为小孩子还没有斫丧他行动的本能，小小的孩子，就是将来小小的科学家。

假使我们给小孩子自由行动，我相信千百孩子之中，一定有一个小孩是天才，是一个创造者、发明者。爱迪生小时候，是个很喜欢行动的小孩子。当时美国的教育，也同中国一样，小学教员是禁止小孩子活动的。爱迪生违反了教师的训条，就蒙到"坏蛋"的声名，不到三个月，爱迪生被"坏蛋"的空气逼走了。爱迪生的母亲不服气，她以为她的儿子并不是"坏蛋"，"蛋"并没有"坏"，她就教他先在地窖里研究化学，后来研究物理，结果成了一个闻名的科学家。所以爱迪生的成功，幸而有他的妈妈，否则老早就把他的天才牺牲了。牛顿生下来的时候，小到像小老鼠一只，体重只有三磅。看护妇去请医生的时候，很不高兴地说："这样小老鼠一般大的东西，等到医生来，早已一命归天了。"岂料小老鼠一般的东西，就是以后闻名的科学家，还活到八十多岁呢。据说牛顿小的时候，并不聪明。可见小孩子的时代，很难看得出哪一个是天才的儿童。

四月四号是世界儿童节，中华慈幼协会请我编了四支儿童歌：

（一）小盘古

我是小盘古，

我不怕吃苦。

我要开辟新天地，

看我手中双斧。

（二）小孙文

我是小孙文，

我有革命精神。

我要打倒帝国主义，

像个球儿打滚。

（三）小牛顿

我是小牛顿，

让人说我笨。

我要用我的脑筋，

向大自然追问。

（四）小工人

我是小工人，

我的双手万能。

我要造富的社会，

不造富的个人。

我们要打倒传统的教育，同时要提倡创造的教育。他的办法是怎样呢？我们知道，传统的教育，他们一个教室容纳四五十人，试问教师的力量有多么大，能够完全去推动全级学生？所以就发生了教育方法上的错误。我们现在的办法是教师教大徒弟，大徒弟再去教小徒弟，先生在上了几堂课以后，鉴别了几个较有天才、聪明的大徒弟。以后教师就专门去教大徒弟，所以他的精神容易去推动他们，学问也容易灌输到他们头脑中去。大徒弟再把他所得到的，分别的去教那些小徒弟。学生们很活动的去找寻知识，解释困难，贡献他所求得的知识，先生不过站在旁边的地位略加指点而已。我们认为这种教育，是行动的教育。有行动才能得到知识，有知识才能创造，有创造才有热烈的兴趣。所以我们主张"行动"是中国教育的开始，"创造"是中国教育的完成。我曾经参观过一个学校，这个学校是小孩子办的。我问他们说："你们是大小孩子教小小孩子吗？"有一个小孩子回答说："是的，不过有许多时候小小孩子也教大小孩子呢。"我说："你的话是对的，是真理，比我的意见更进一层。"现在中国传统教育下的知识阶级，根本就看不起小孩子，看不起农人、工人。但是试问他们的力量有多么大？倭奴侵占我们的东三省，你有力量赶走他吗？不可能！我们要启发小孩子，启发农人、工人，运用大多数人的力量，才能够去创造，才能救国雪耻。我来举一个例子，证明农人的力量并不弱。从前我办一个学校，在校的旁边凿了一口井，专门供给学校用水的。有一年大旱，乡村中旁的井水都汲干了，所以乡民都集中到校旁井内来汲。后来这口井也涸竭了，于是我们校里，因为水的恐慌开了一个会。当时有人主张，把井收回自用。我不以为然。我说："我们的学校，是以社会作学校的，不应该把社会圈出于学校之外。假如这样，我们将来推广农事和民众教育就不容易办了。用水既是大众的事，还不如请大众共同来解决。"于是请各村庄每家派一个代表，男的、女的、小孩子在十三岁以上的都可以，没有多少时候，礼堂上已挤满了代表。我们教员们，自觉居于孔明的地位，三个臭皮匠合做一个诸葛亮的地位，所以黄龙宝座的主席，推了一个十三岁的小孩子。我们略略讲了几条会场规则之后，就正式开会。那一天的会，非常有精彩，有力量，当时发言最多且最好者，要推老太婆！好！我们来听有一个老太婆的宏论。她说人是要睡觉的，井也是要睡觉呢；井不让它睡觉，一辈子就没有水吃。所以当时一致议决井要睡觉。自下午七时起至翌晨五时止，不得唤醒井，违者罚大洋一元，作修井之用。当这个老太婆发言未完，另有一个老太婆，也想立起来发言，就有第三个老太婆牵牵她的衣襟，制止她的发言，说："不是方才先生说过的吗？"你想他们非但能够自治，而且还能管理他人，所以当时会场发言的人非常多，秩序还是一丝不乱的。他们讨论了好久，还制成几条议案：第二条就是汲水的程序，先到者先汲，后到者后汲，违者罚大洋五角，作修井之用；第三条就是再开凿一井，把太平天国时留下淤塞的废井加以开凿，经费富者多捐，贫者少捐，茶店、豆腐店也多捐一些；其四，推举奉天刘君世厚为监察委员，掌理罚款，调解纠纷。结果，一个大钱都没有罚到，因为这是出于农人自动的议决，所以大家能遵守。你看农人的力量是多么大，他们的话多么的公正和有效，这种问题来的时候，岂是少数人所能干得了吗？不过他们的旁边，还是需有孔明在那里指示，否则恐怕到如今，井还没有开凿成功。所以创造的教育应该启发农人、工人、学生……使他们得真的知识，才是真的创造。

其次我要讲的：现在中国的教育组织，是不能创造的。我们可以分两种来说：第一种是，学校是学校，社会是社会。他们认为学校是求知的地方，社会是行动的地方；他们说读书不忘救国，救国不忘读书。日本人的炮弹已经飞到他们面前，还是子曰子曰读他的书，这种教育是亡了中国还不够的。第二种，他们已经觉得学校是离不开社会的，所以他们主张"学校社会化"。他们想把社会的一切，都请到学校里来，所以学校里什么都有：公安局啦，卫生局啦，市政厅啦，什么都有。但是他们所做的与社会依旧是隔膜的。况且学校有多么大，能够包罗万象？他们的学校好像大的鸟笼，把鸟儿捉到笼里来养；又好像一只大缸，把鱼儿捉到缸里来养。结果鸟儿过不来鸟笼的生活，死了。鱼儿过不来鱼缸的生活，死了。所以这种似是而非的教育是不自然的、虚伪的和无力量的，也不是创造的教育。创造的教育是怎样呢？就是"以社会为学校"、"学校和社会打成一片"，彼此之间，很难识别的。社会含有学校的意味，学校含有社会的意味。我们要把学校的围墙拆去，那么才可与社会沟通。这种围墙不是真围墙，是各人心中的心墙。各人把他的感情、态度从以前传统教育那边改变过来，解放起来。实则这种教育，只要有决心去干，是很容易办到的。例如大夏大学的附近有许多村庄，庄上的人，都是散漫的，无教育的。假使我们把学校与村庄沟通，大学生都负责去创造新村，村上的人，都接受到知识，形成活泼的有力量有生命的村庄，再把全中国所有的村庄联合起来，构成一个有大生命的中国，民众的力量可以集中，国难也可共赴。这样做去，要普及教育，一年就可以成功。我们自近而后远，先小而后大，着手办去，把小孩子、农人、工人都培养起来，这才是创造教育的目的。中国现在的教育不是平等发展的，是畸形发展的，一方面有博士、硕士，一方面有一大群无知识的民众，迟滞的表示不出多大贡献。

现在我再要讲，创造的教育是以生活为教育，就是生活中才可求到教育。教育是从生活中得来的，虽然书也是求知之一种工具，但生活中随处是工具，都是教育。况且一个人有整个的生活，才可得整个的教育。举个例来说吧，有一个儿子，他是喜欢赌博的，他的母亲训斥他。不过他的母亲却悄悄地到邻舍去赌博了，他在窗内看见他的母亲赌博，于是也到别处去赌博了。这个孩子过的是赌博生活，受的是赌博教育，不期而然而成赌博的人生。某学校反对我"生活即教育"的主张，我去参观他们学校，适逢吃饭的时候。他们的饭菜是有等级的，厨子巴结先生，先生的菜特别好，学生的菜，简直坏之不堪。他们请我在先生一桌吃饭，我愿意同学生一块儿吃。学生的饭菜坏到怎样呢？他们名为一碗肉，肉仅在碗面上有几小块，学生在未下箸的时候，目光炯炯地早已看准那最大的一块，一下箸，一碗饭还没有吃完，而菜已吃得精光了。这种饕餮的状态，无形中在饭堂里更造成了许多小军阀。这个学校，是不把吃饭问题归入教育范围之内的。有许多学校对于男女学生的恋爱，他们是讳莫如深，但恋爱问题往往闹遍在学校里。现在生活的教育是怎样呢？我们知道恋爱、吃饭等问题都是非常重要的，所以，恋爱先生我怕你，请你进来；吃饭先生我怕你，请你进来，我们一块儿干吧！我们的教育非但要教，并且要学要做。教而不学，学而不做，叫做"忘三"。我们要能够做，做的最高境界就是创造。我们要能够学，学从生活中去学，只知学而不知做，就不是真的学。我们要能够教，教要教得其所，要有整个的教育，平等的行动的教育，不要像现在畸形的教育。有人说我的创造教育，不成其为学校，我做了一首诗："谁说非学校，就算非学校。依样画葫芦，简直太无聊。"

（1933年）

‖导读‖ 新的教育、活的教育、生活的教育，这些词都是反复出现在陶行知的文章中，这些词语之间有其必然的联系，但又都独立存在，读者若能对这些词加以辨析，便可了解到陶行知教育的核心理念。

教育的新生

宇宙是在动，世界是在动，人生是在动，教育怎能不动？并且是要动得不歇，一歇就灭！怎样动？向着哪儿动？

我们要想寻得教育之动向，首先就要认识传统教育与生活教育之对立。一方面是生活教育向传统教育进攻；又一方面是传统教育向生活教育应战。在这空前的战场上徘徊的、缓冲的、时左时右的是改良教育。教育的动向就在这战场的前线上去找。

传统教育者是为办教育而办教育，教育与生活分离。改良一下，我们就遇着"教育生活化"和"教育即生活"的口号。生活教育者承认"生活即教育"。好生活就是好教育，坏生活就是坏教育，前进的生活就是前进的教育，倒退的生活就是倒退的教育。生活里起了变化，才算是起了教育的变化。我们主张以生活改造生活，真正的教育作用是使生活与生活摩擦。

为教育而办教育，在组织方面便是为学校而办学校，学校与社会中间是造了一道高墙。改良者主张半开门，使"学校社会化"。他们把社会里的东西，拣选几样，缩小一下搬进学校里去，"学校即社会"就成了一句时髦的格言。这样，一只小鸟笼是扩大而成为兆丰花园里的大鸟笼。但它总归是一只鸟笼，不是鸟世界。生活教育者主张把墙拆去。我们承认"社会即学校"。这种学校是以青天为顶，大地为底，二十八宿为围墙，人人都是先生都是学生都是同学。不运用社会的力量，便是无能的教育；不了解社会的需求，便是盲目的教育。倘使我们认定社会就是一个伟大无比的学校，就会自然而然地去运用社会的力量，以应济社会的需求。

为学校而办学校，它的方法必是注重在教训。给教训的是先生，受教训的是学生。改良一下，便成为教学——教学生学。先生教而不做，学生学而不做，有何用处？于是"教学做合一"之理论乃应运而起。事该怎样做便该怎样学，该怎样学便该怎样教。教而不做，不能算是教；学而不做，不能算是学。教与学都以做为中心，在做上教的是先生，在做上学的是学生。

教训藏在书里，先生是教死书，死教书，教书死；学生是读死书，死读书，读书死。改良家觉得不对，提倡半工半读，做的工与读的书无关，又多了一个死：做死工，死做工，做工死。工学团乃被迫而兴。工是做工，学是科学，团是集团。它的目的是"工以养生"，"学以明生"，"团以保生"。团不是一个机关，是力之凝结，力之集中，力之组织，力之共同发挥。

教死书、读死书便不许发问，这时期是没有问题。改良派嫌它呆板，便有讨论问题之提议。课堂里因为有了高谈阔论，觉得有些生气。但是坐而言不能起而行，有何益处？问题到了生活教育者的手里是必须解决了才放手。问题是在生活里发现，问题是在生活里研究，问题是在生活里解决。

没有问题是心力都不劳。书呆子不但不劳力而且不劳心。进一步是：教人劳心。改良的生产教育者是在提倡教少爷小姐生产，他们挂的招牌是教劳心者劳力。费了许多工具玩了一会儿，得到一张文凭，少爷小姐们到底不去生产物品而去生产小孩。结果是加倍的消耗。生活教育者所主张的"在劳力上劳心"，是要贯彻到底，不得中途而废。

心力都不劳，是必须接受现成知识方可。先在学校里把现成的知识装满了，才进到社会里去行动。王阳明先生所说的"知是行之始，行是知之成"便是这种教育的写照。他说的"即知即行"和"知行合一"是代表进一步的思想。生活教育者根本推翻这个理论。我们所提出的是："行是知之始，知是行之成。"行动是老子，知识是儿子，创造是孙子。有行动之勇敢，才有真知的收获。

传授现成知识的结果是法古，黄金时代在已往。进一步是复兴的信念，可是要"复"则不能"兴"，要"兴"则不可"复"。比如地球运行是永远的前进，没有回头的可能。人只见春夏秋冬，周而复始，不知道它是跟着太阳以很大的速率向织女星飞跑，今年地球所走的路绝不是它去年所走的路。我们只能向前开辟创造，没有什么可复。时代的车轮是在我们手里，黄金时代是在前面，是在未来。努力创造啊！

现成的知识在最初是传家宝，连对女儿都要守秘密。后来，普通的知识是当作商品卖。有钱、有闲、有脸的乃能得到这知识。那有特殊利害的知识仍为有权者所独占。生活教育者就要打破这知识的私有，天下为公是要建筑在普及教育上。

知识既是传家宝，最初得到这些宝贝的必是世家，必是士大夫。所以士之子常为士，士之子问了一问为农的道理便被骂为小人。在这种情形之下，教育只是为少数人所享受。改良者不满意，要把教育献给平民，便从士大夫的观点干起多数人的教育。近年来所举办的平民教育、民众教育，很少能跳出这个圈套。生活教育者是要教大众依着大众自己的志愿去干，不给知识分子玩把戏。真正觉悟的知识分子也不应该再耍这套猴子戏，教大众联合起来自己干，才是真正的大众教育。

知识既是传家宝，那么最初传这法宝的必是长辈。大人教小人是天经地义。后来大孩子做了先生的助手，班长、导生都是大孩教小孩的例子。但小先生一出来，这些都天翻地覆了。我们亲眼看见：小孩不但教小孩，而且教大孩，教青年，教老人，教一切知识落伍的前辈。教小孩联合大众起来自己干，才是真正的儿童教育。小先生能解决普及女子初步教育的困难。小先生能叫中华民族返老还童。小先生实行"即知即传人"是粉碎了知识私有，以对起"天下为公"万古不拔的基础。

（193□年）

导读 少时我们都读过鲁迅的《狂人日记》，对于里面吃人的礼数，都印象深刻。在本文中，陶行知将传统的教育比为吃人的教育，与鲁迅的观点不谋而合。

传统教育与生活教育有什么区别

前星期日来晚了，听说大家在此地讨论一个很有趣的问题，叫"吃人教育与生活教育有什么区别？"我不能参加讨论，没有发表意见。今天，又来晚了，现在我发表我的一点意见。

吃人教育与生活教育有什么区别？我的意思，不如说"传统教育与生活教育有什么区别？"所谓吃人教育，就是指传统教育而言的。现在，我们可以这样说：传统教育，是吃人的教育；生活教育，是打倒吃人的教育。

传统教育怎样是吃人的教育呢？他有两种吃法：

（一）教学生自己吃自己。他教学生读死书，死读书；他消灭学生的生活力，创造力；他不教学生动手，用脑。在课堂里，只许听教师讲，不许问。好一点的，在课堂里允许问了，但他不许他出到大社会里、大自然界里去活动。从小学到大学，十六年的教育一受下来，便等于一个吸了鸦片烟的烟虫，肩不能挑，手不能提，面黄肌瘦，弱不禁风。再加以要经过那些月考、学期考、毕业考、会考、升学考等考试，到了一个大学毕业出来，足也瘫了，手也瘫了，脑子也用坏了，身体的健康也没有了，大学毕业，就进棺材。这叫做读书死。这就是教学生自己吃自己。

（二）教学生吃别人。传统教育，他教人劳心而不劳力，他不教劳力者劳心。他更说："劳心者治人，劳力者治于人。"说得更明白一点，他就是教人升官发财。发谁的财呢？就是发农人、工人的财，因为只有农人、工人才是最大多数的生产者。他们吃农人、工人血汗，生产品使农人、工人自己不够吃，就叫做吃人的教育。

生活教育与传统教育则刚刚相反：

（一）他不教学生自己吃自己。他要教人做人，他要教人生活。健康是生活的出发点，他第一就注重健康。他反对杀人的各种考试，他只要创造的考成，也就是他不教人赶考赶人死。简单的说来，他是教人读活书，活读书，读书活。

（二）他也不教学生吃别人。他不教人升官发财，他只教中国的民众起来做主人，做自己的主人，做政府的主人，做机器的主人。他教人要在劳力上劳心。即使有人出来做官，他是要来服侍农人和工人，看看有吃农人或工人的人，他要帮助农人、工人把他干掉。做官并不坏，但只要能够服侍农人、工人就是好的。他更要教人做到"工以养生，学以明生，团以保生"。说得更清楚些是：教大众以大众的工作养活大众的生命；以大众的科学明了大众的生命；以大众的团体的力量保护大众的生命。

（1934年）

普及现代生活教育之路

什么是生活教育？

生活教育这个名词是被误解了。它所以被误解的缘故，是因为有一种似是而非的理论混在里面，令人看不清楚。这理论告诉我们说：学校里的教育太枯燥了，必得把社会里的生活搬一些进来，才有意思。随着这个理论而来的几个口号是："学校社会化"、"教育生活化"、"学校即社会"、"教育即生活"。这好比一个笼子里面囚着几只小鸟，养鸟者顾念鸟儿寂寞，搬一两丫树枝进笼，以便鸟儿跳得好玩，或者再捉几只生物来，给鸟儿做陪伴。小鸟是比较的舒服了。然而鸟笼毕竟还是鸟笼，决不是鸟的世界。所可怪的是养鸟者偏偏爱说鸟笼是鸟世界，而对于真正的鸟世界的树林反而一概抹煞，不加承认。假使笼里的鸟，习惯成自然，也随声附和的说，这笼便是我的世界，又假使笼外的鸟都鄙弃枞林，而羡慕笼中生活，甚至以不得其门而入为憾，那么，这些鸟才算是和人一样的荒唐了。

我们现在要肃清这种误解。生活教育是生活所原有，生活所自营，生活所必需的教育（Life education means an education of life，by life and for life）。教育的根本意义是生活之变化。生活无时不变，即生活无时不含有教育的意义。因此，我们可以说："生活即教育。"到处是生活，即到处是教育；整个的社会是生活的场所，亦即教育之场所。因此，我们又可以说："社会即学校。"在这个理论指导之下，我们承认过什么生活便是受什么教育；过好的生活，便是受好的教育；过坏的生活，便是受坏的教育；过有目的的生活，便是受有目的的教育；过糊里糊涂的生活，便是受糊里糊涂的教育；过有组织的生活，便是受有组织的教育；过有计划的生活，便是受有计划的教育；过乱七八糟的生活，就是受乱七八糟的教育。换个说法，过的是少爷生活，虽天天读劳动的书籍，不算是受着劳动教育；过的是迷信生活，虽天天听科学的演讲，不算是受着科学教育；过的是随地吐痰的生活，虽天天写卫生笔记，不算是受着卫生的教育；过的是开倒车的生活，虽天天谈革命的行动，不算是受着革命的教育。我们要想受什么教育，便须过什么生活。

生活教育与生俱来，与死同去。出世便是破蒙；进棺材才算毕业。在社会的伟大的学校里，人人可以做我们的先生，人人可以做我们的同学，人人可以做我们的学生。随手抓来都是活书，都是学问，都是本领。

自有人类以来，社会即是学校，生活即是教育。士大夫之所以不承认它，是因为他们有特殊的学校给他们的子弟受特殊的教育。从大众的立场上看，社会是大众唯一的学校，生活是大众唯一的教育。大众必须正式承认它，并且运用它来增加自己的知识，增加自己的力量，增加自己的信仰。

生活教育是下层建筑。何以呢？我们有吃饭的生活，便有吃饭的教育；有穿衣的生活，便有穿衣的教育；有男女的生活，便有男女的教育。它与装饰品之传统教育根本不同。它不是摩登女郎之金刚钻戒指，而是冰天雪地下的穷人之窝窝头和破棉袄。

生活与生活摩擦才能起教育的作用。我们把自己放在社会的生活里，即社会的磁力线里转动，便能通出教育的电流，射出光，放出热，发出力。

生活教育现代化

生活教育是早已普及了。自有人类以来，便是人人过生活，人人受教育，自然而然的，生活是普及在人间，即是教育普及在人间。但有些人是超时代者，有些人是时代落伍者。有些人到了现代还是过着几百年前的生活，便是受着几百年前的教育，教时代落伍的人一起赶上时代的前线来，是普及教育运动的目标。做一个现代人必须取得现代的知识，学会现代的技能，感觉现代的问题，并以现代的方法发挥我们的力量。时代是继续不断的前进，我们必得参加在现代生活里面，与时代俱进，才能做一个长久的现代人。否则，再过几年又要成为时代落伍者了。因此，我们必须拿着现代文明的钥匙才能继续不断的去开发现代文明的宝库，保证川流不息的现代化。这个钥匙便是活用的文字符号和求进步的科学方法。普及教育运动之最大使命，便是把这个钥匙从少数人的手里拿出来交给大众。

老法子的普及教育

宦君动生从杭州来，给我看了一两条最有趣味的教育报告。这报告说：依照最近四年来浙江所用的方法来扫除文盲，全省要四百年才能完成；依照最近六年来杭州所用的方法来扫除文盲，全市要一百五十年才能完成。这种自觉的教育报告我还是第一次看见。现在从一省一市推论到全国，呆板的守着老法，要多少年才能普及呢？依照教育部最近统计，各省市民众及职业补习学校学生数，民国十八年为一百零三万六千一百六十人。十九年为一百一十万四千一百八十七人。在这一年之中是增加了六万八千零二十七人。中国全国之失学成人估计有二万万人。假使中国人口不再增加，民众学校学生万岁，长生不死，学生增加率能年年不减，也要三百年才能将文盲扫除干净。再拿小学的统计来看。民国元年小学生数为二，七九五，四七五人，民国十九年为一〇一，九四八，九七九人，十九年之间小学生是增加了八，一五三，五〇四人，每年平均增加率为四十三万人，用四年义务教育估计，假定人口不再增加，小学生长生不死，学生数照平常比例增加，还要七十年才能普及。但是人口趋势，若无统制，必是有加无减。小学生总数每年要夭折三十万，每年平均所增加之四十三万人之中每年也要夭折一万三千人，学校增加率如无新创办法也得逐年减少。故依我估计，用传统办法，学龄儿童的教育要过一百年才能普及，失学成人之教育要再过四百年才能普及。

教育是必须普及。但是老法子决办不到，只好想新的法子来解决。老法子有什么困难？能解决那老法子所不能解决的困难的方法便是新方法。

攻破先生关

据教育部统计，全国学龄儿童总数为四千九百十一万。又据十九年统计全国有一千零九十四万小学生，共需五十六万八千教职员。平均每教师教导小学生二十人。四千九百十一万小孩子共需小学教师二百四十五万人。有些教育官主张普及教育要靠师范生，办师范学校要靠官办。好，我们只需看一看十九年度师范学校的毕业生数就知道这些教育官是在做梦。这一年的高中师范、乡村师范、短期师范的毕业生合起来算只有二万三千四百零二人。师范毕业生万岁，长生不死，要费一百年的培养才能够普及小学之用。即使每人担任小学生数增加到四十人，也要五十年才能培养得了，还要求求老天爷保佑他们一个不死才行。还有那二万万的失学成人怎么办？假使每位教师教四十个人，就得培养五百万位民众教师。每人每天教两组，也要二百五十万。这二百五十万乃至五百万人又要多少年去培养？培养师范生每人每年要费公家一百零一元，至少三年就要三百零三元，私人的费用还不在内。二百四十五万的小学教师和二百五十万的民众教师的培养费，就得要十五万万元。他们就职之后，就要领薪水。少说些，每人每年一百元，就要五万万元。如果中国的普及教育一定要这样办，那便是癞蛤蟆想吃天鹅肉。我们要冲破这个难关，必先对教师的观念起一个根本的改变。师范生乃至整个知识阶级不是教师唯一的源泉。小孩子最好的先生是前进的小孩。大众最好的先生是前进的大众。知识分子的使命在帮助前进的孩子和前进的大众取得现代知识以同化他们的伙伴。知识分子最多只可做小孩与大众的顾问。超过顾问的范围就要损害他们的自动精神。即使做个顾问，知识分子也得跳进小孩与大众的队伍里去与他们共患难同休戚，才够得上顾问的资格。这样一来，我们的先生就很够用了。全国小学里是有现成的一千一百万小孩可以做小先生。私塾改良一下，也有一千万合格的小先生。认字大众是有八千万，都有担任传递先生①的资格。这一万万小先生与传递先生总动员，每人教两人便是三万万。这些先生不要薪水又不必多花金钱培养，只需我们承认他们配做先生，那教师的难关，便可不冲而自破了。

攻破娘子关

全国成年女子中粗识字义者估计顶多只有一千万人，以女子总数算起来，一百位女子当中只有五位受过文字教育。学龄女孩二千四百五十五万多人当中只有一百六十五万在学校里上学，占初等学生总数百分之十五点二四。所以中国的普及教育问题大半是女子教育问题。如果不能解决女子教育问题，无论什么方法，都是枉费心血。女子教育是普及教育运动中最大的难关。男先生能解决女子教育问题吗？

二三十岁的男先生教几位十七八岁的大姑娘能顺利地进行吗？过不得几

---

① 传递先生，指成年人即知即传。

天，意外的事情会教你干不下去，谣言闲话会从几十里外的婆家飞来。未婚夫会约几个顽皮的青年装鬼在路上吓得小姑娘们不敢来上学。男先生要解决女子教育问题难于上青天。女先生来，那是天字第一号。可是女先生根本就少。全国初等学校女先生只有三万四千一百三十九人。女师范生也不过二万人。那是差得太远咧。女先生下乡有三怕：怕蛇，怕鬼，怕贼。要来，是三个两个一起来。破产的乡村，哪里请得起！一个男校长请一个女教员也要引人说闲话。最好、最经济的是夫妻学校。但是好的东西偏偏少。经过七八年的提倡，还是寥寥无几。女先生也是难以解决女子教育问题。要想攻破娘子关还要把小将军请来。小先生脚迹所到的地方，男女教育机会立刻均等。广东百侯小先生初教校外学生二千人，其中有一千五百人都是女子。在小先生面前，失学的女子是一点也不害羞，有什么不懂都大胆的问。小先生连新娘房里都能钻进去上一课。

攻破买卖关

知识是成了商品，非钱不卖，非钱买不来。当你劝一位留学生教教他的包车夫或老妈子的时候，他会回你："没有工夫。"但是如果一个大学给他三百元一月的薪水，请他去做少爷小姐的高等听差，他会连夜写飞机快信去应聘。他怎么又有工夫了？缘故是因为他的知识是用钱买来的，他的车夫老妈没有钱给他，所以没有工夫！那个大学有三百元薪水给他，就会有工夫了。在这个关口上把门的有两个妖怪：一个是大胆的守财奴；一个是大头的守知奴。他们两个把口守得密不通风，使得无钱的人一点知识也得不着。但是知识应当是社会所公有。把买卖的商品化的知识变做自由送人的礼物，是普及教育运动的一个大目标。能攻破买卖关，肃清守知奴、守财奴，以透达这个大目标的便是小先生。在小先生的手里，知识是变成空气，人人得而呼吸；知识是变成甘霖，处处得其润泽；知识是变成太阳，照得广大的群众向前进行。

攻破衰老关

中国人老了！这是我们时常听见的批评。不错，有两种重大原因使中国人容易衰老，其中的一种便是传统教育，传统教育是教人学老。六岁的小孩子跟着老头子学老规矩，就好像长了两撇胡子，变成一个小老翁。小先生一来可就不同了。六七十岁的老公公和老太婆加入在小孩的队伍里来追求现代知识，是必然沾染着赤子精神，变成了老少年。

攻破饭碗关

"吃饭不读书，像只老母猪！"这个口号有时是可以鼓励一些懒人发奋求学。但是，有些人是做得太过分了。他们居然诱惑甚而强迫人家丢掉饭碗去读书。结果是饭碗打破好几只，书还是读不成，造成许多悲剧。总之，传统民众教育是办得太呆板，使吃饭与读书往往不能两全。例如，晚上规定七点钟上课，夜饭没有吃完的不能来；饭虽吃完了而锅碗没有洗的不能来；小孩子哭着要奶吃不能来；婆婆正含着要水烟袋儿抽烟不能来；丈夫辛苦挑菜上街才回家有许多事要侍候不能来；做生意的正有主顾光临不能来；守牛的，牛儿不适合不能来。因此，一般民众学校，开始的时候都是济济一堂。不久，便七零八落的少下去了，到最后，只剩了几个人。小先生的时间好像是橡皮做的，可以伸缩。"大嫂子！我来给你上课了。""阿毛！我正抱小孩吃奶，请你等我一忽儿。""我到门口去玩玩，小孩奶吃完，喊我一声。"……"阿毛！奶吃好了。快点来。"小先生便是这样从容不迫的攻破这些很难跳过的饭碗关。

攻破孤鸦关

一个乡下先生住在一个破庙里教死书，就好比是一只孤鸦。他无意也无暇与农人交接。他教他的书，对农人的一切是不能过问。他所办的学校是与社会隔离。学校不能运用社会的力量以谋进步。社会也没法吸收学校的力量以图改造。双方都失掉互济的效用。这种孤僻的学校，普及了也没有意思。现在假使一切都不改，只把小学生变做小先生，这没有意义的学校便变成一个很有意义的学校，这位孤零零的赘疣的寒酸先生，便立刻变成一位村庄中所不可少的有作为的先生了。比方这个学校原来有三十个学生都变成小先生，便好像是三十根电线接到各村去和他们通起电流来。在这些电线上所通的电流有来也有往。一个个小先生，可以把各村的问题、困难带来和先生讨论，又可以把学校里从外面得来的知识与力量带去和农人与不能进学校之小孩讨论。有时大家来个总集合，在各村的问题上求一个总解决。例如总动员救旱灾，除蝗虫，打倒土豪劣绅、贪官污吏、帝国主义。你仔细想想，这个学校是变了样子；他的围墙是拆掉了。那些村庄合起来是构成了整个的学校，不但是大了几倍几十倍几百倍，而且精神是根本不同了。

攻破瓜分关

中国教育官喜欢把教育切得一块一块的，每人给一块去办，不，每人给一块去吃。对，吃教，吃教育，最好的一个例子是所谓义务教育与民众教育的分家。不但是多费许多钱而且是一样也办不好。连吃也不好吃。教育就像一碗八宝饭，分开来吃，每人只能尝一两宝，你必须把它搅拌起来才好吃，我们的建议是把儿童的教育与成人的教育搅拌一下使它们打成一片。你有时要用小孩教成人，有时要用成人教小孩，有时要用小孩教小孩，有时要用成人教成人，若呆板地分起来，是一样也不会普及。冲破这关口的急先锋便是小先生。小先生一来，这瓜分关的守将必得插白旗投降。

攻破课本关

读书一定要一种课本，并且要从头一本头一课教起，这也是一种成见。新学究还一定要用教科书，没有教科书便坐在那儿等待教科书寄到，边远的地方一等就是几个月。先生是活的，书本到处有，只要活用他就有办法。《三字经》活用起来，也能做普及现代教育的工具。路路通长安，大路断了走小路。一张发票、一张签诗也可以当作教科书读。上海把旧的杂志旧的书报包东西揩屁股，真是作孽。这都是我们内地求之不得的教科书呀！来他一个新的惜字运动，我们可以得到几万万不费钱的教科书。如果大家一定要教科书，我还有一个法子介绍。教小学生抄教科书给不能进学校的学生读。利用习字的纸、习字的笔、习字的墨、习字的时间来抄。纸当然要改良一下，格子要适合抄书的需要。平常初级课本的字是写得比"多宝塔"还合用，学生照着临，也能进步，先生也用批字的时间审订，免去圈叉麻烦。先生只需看学生抄得对不对，好不好。不对不好须重抄，抄到对了好了为止。平常先生批字，真是无聊。用王羲之、颜鲁公的标准批吗？要批死人。不批吧？校长要怪，家长要怪。不得已，闷起头来瞎批。骗人吗？是的。不骗，就得翘辫子。如果改习字为抄课本，一切都有意义了，不要看轻了这一个小改革。不久以前，日本小学生总动员拾取香烟盒里的锡包，积起来，买得一只飞机。小学私塾总动员改习字为抄课本，每年也可得一万万部不费钱的教科书。

攻破纸笔关

读书必得写字，写字必用笔墨纸，也是一种成见。顶少似乎要有铅笔和纸，我当然赞成。但是在乡下万一买不着纸笔，也有别的办法。椅子揩得干净些，用筷子沾水也能练字。柳条为笔，泥地为纸，也可写文。只是不易考核罢了。

攻破灯油关

四万万人，八千万家，家家读书，这可算是文字教育普及了。但是要怎样才无流弊，我们必须绞脑筋，打破砂锅问到底。这是每一位普及教育者的责任。我曾经拜托几位熟悉家务的穷朋友代我做了一些估计。点菜油灯，每天多点一小时，每盏灯每年要点一块钱的油。八千万盏灯每年就要多费八千万元。用洋油呢？每盏灯要四元一年。每年要费三万二千万元！美孚洋行的买办要高兴了。煤油大王晓得这个消息，也要笑得说不出话来。他可以打算拔一根毛到中国南方来办一个协和医院。这票买卖是被太阳夺去了。太阳老板也会到地球上来争夺市场的，奇怪！普及教育者主张日光下施教。还是"老少通"里的老调儿："起得早，睡得早，省油省灯草。"早点起床，稻草窠里少睡一刻，午饭少抽一袋烟，就省下这每年三万二千万元，好不好？

攻破调查关

传统的教育官还有一套偷懒的把戏。他说，做一件事必得预先调查清楚才能进行；要普及教育，先得调查学龄儿童和失学成人。谁能说他的话没道理？于是筹备调查，实行调查，调查后统计，统计后拟计划，计划拟定后呈报，等候批准，先试办几处。这样一来，官儿换了几任，新学校还没有开门。调查是已经成为一种延宕的手段。这个纸做的盾牌必得戳破。中国满地是失学的人，随手捞来都是。如果要调查一个大概，几天就够了。再要多费精力也不能更加正确。传统教育官没有熟练而靠得住的人代他调查，他的调查多是整行的官样文章。普及教育不是不要调查。我们要一面干一面调查，不是先调查完了再干。一面干，一面培养调查的人，再从事精密的调查，那调查的结果才靠得住。小先生才会干这种正确的调查咧。没有小先生，这种大调查，除非费大款，绝不可能。先把网儿撒下去，把鱼儿捞上了岸再去数罢。

攻破短命关

士大夫赐给大众的孩子的教育寿命只有四年，赐给大众自己的寿命只有四个月①。最近大学教授们有所谓学制改革案提出，其中的第一个特点便是把穷孩子的教育寿命从四年减短为一年。当然，现在穷孩子的教育寿命连一年都没有，给他一年使他跑进教育的王国里来玩玩，如果不是空头支票还可算很大的恩德，但是大学教授们办学校有寒假、暑假、星期假、星期六下午假，许许多多的这样假那样假，何不减少一些，把中学、大学毕业年限缩短一两年；倒在国民教育的空头支票上开刀，实在令人莫解。高等教育经费二十年当中已经从三百九十万增加到三千三百六十万，而学生数只从四万加到四万四千。高等教育不可节省一点钱来，延长国民教育的寿命吗？总之，这种短命的教育，在我们看来是不可思议，也不值得普及。我们所要求的是整个寿命的教育；活到老，干到老，学到老，团到老，教到老。有了小先生和传递先生，大众的教育寿命可以延到和个人身体寿命一样长；终身是一个继续不断的现代人。

攻破学校关

一提到普及教育，大家就联想到开学校：圈校址，造洋楼，请教员，买家

① 指当时教育部规定的对儿童实施4年的普及教育，对大众施行4个月的民众教育。

具，招学生，考学生，收学费，行开学礼。这样的一个东西是不易普及，即使普及也是害多益少。这种办法，一起手便是蚀本交易。并且要把所有的学龄儿童和失学成人都关在学校里去，只有叫农人卖老牛，给洋人发财。我们找一个很简单的东西来替代学校。这个东西便是自动工学团。

什么叫做自动？自动是大众自己干，小孩自己干。自动教育，是教大众自己干，小孩自己干；不是替代大众小孩干。

什么叫做工学团？工是工作；学是科学；团是团体。说得清楚些是：工以养生，学以明生，团以保生。说得更清楚些是：以大众的工作养活大众的生命；以大众的科学明了大众的生命；以大众的团体的力量保护大众的生命。工学团是一个小工场，一个小学校，一个小社会。在这里面包含着生产的意义，长进的意义，平等互助自卫卫人的意义。它是将工场、学校、社会打成一片，产生一个富有生活力的新细胞。

工学团可大可小，从几个人的家庭、店铺，几十个人的学校、庙宇，几百个人的村庄、监狱，几千人的工厂，到几万人几十万人的军队、建设工程队（例如导淮、筑路的大队民夫），都可以造成一个富有意义的工学团。

团不是一个机关，不是一个工学的机关。假使它只是一个工学的机关，那便成了一个半工半读的改良学校，而不是工学团。团是团体，是力的凝结，力的集中，力的共同发挥。

攻破文字关

有两种极端的人：一是看重文字，把文字误看做教育的全体；二是藐视文字教育，如一般生产教育论者以为大众不需要文字，以为他们所需要的只是生计之改良。这两种观念都是错误的。人与禽兽的大分别，就在人有语言文字，禽兽没有。文明人与野蛮人的大分别，就在野蛮人只有语言，而文明人是语言文字都能灵便的运用。文字符号之妙，是妙在这个符字。道士画符未必灵。士大夫画的符才真灵。他不种田，只需把符一画，好米就有得吃了。他又想，拿一身汗去换一担米还是不上算，再画一张符，叫种米的人挑米来给我吃。农人不会画符，劳而不获，种的米都给人家画符画去了。他眼看这个把戏很便当，也想画一画，自己老了，让儿子去学罢。束脩加上吃饭，每年至少四十元，忍痛把儿子送入私塾学画符，私塾先生就靠着会画几张蹩脚符吃饭，轻轻的传给人，饭碗不要敲破吗？孔夫子是早已警告了他，"后生可畏"的遗嘱是常常背的，不会忘记。一时计上心来，只教学生念咒，不教学生画符。念了几年咒，一张符也不会画，农人知难而退，只得把儿子叫回去依旧赶着老牛种田。但是取得面包的符号，保护面包的符号，即等于面包，有谁能否认呢？但是文字虽然重要．不可离开生活去教。生活的符号要与生活打成一片去追求，否则便是书呆子的教育。文字在普及教育上的地位既是这样确定，那么是教汉字呢？教音符呢？还是二者都教呢？在这过渡时期，我主张汉字与音符和拼音文字三管齐下一起教。会教汉字的先生多至一万万，这是一个顶大的便利。如果根据大众语用活的方法教，汉字也不像一般人所说的那样难。但汉文最好是拼起音来同时学，这样，中国的拼音大众文会自然而然地脱壳而出。

攻破残废关

中国教育是教用脑的人不用手，不教用手的人用脑。用脑者因为不用手，脑也不能精细，变成个呆脑。用手者因为不用脑，手也不能精细，就成一双粗手。因此读书人是成了书呆子：读死书，死读书，读书死；劳苦大众是成了工呆子：做死工，死做工，做工死。这两种人之外，在教育圈里圈外，还有所谓之少爷小姐。他们是脑也不用，手也不用：享死福，死享福，享福死。这些人都是残废教育理论所造成的。我们换一条路走是要使手脑联盟：叫用脑的人用手，教用手的人用脑，教一切的人都把双手和脑拿出来用。"人生两个宝，双手与大脑。用脑不用手，快要被打倒。用手不用脑，饭也吃不饱。手脑都会用，才算是开天辟地的大好佬。"

攻破拉夫关

"听得督学先生到，先生拉我如拉夫。"这是传统教育最有趣的一幕。学生多就算成绩好，这是一件很可怀疑的事。我虽赞成强迫教育，但绝对反对拉夫教育。你若把牧童从牛背上拉来，把摘茶女从茶山上拉来，把采棉姑从棉场里拉来，把养蚕妇从蚕室里拉来，把织布娘从布机上拉来，把种菜的小二哥从菜园里拉来，所得能偿所失吗？减少经济力的强迫是不可施行。假使我是督学，到了采棉时节，看见校长把能采棉的孩子关在学校里，我一定要记他一大过。为什么不把帮助家人采棉当作正课？为什么要叫学校妨害农务？我个人做事是风雨无阻，但办乡村学校，下雨时节是不劝学生来。如果不信，请听我唱吧：

> 小宝宝！小宝宝！
> 今天天气不好，
> 你们回家要早。
> 雨来变成水鸡，
> 事情有些不妙。
> 明天下雨不要来，
> 不下雨好来。
> 破袜破布鞋，
> 弄坏没钱买。
> 受了潮湿，
> 还要把病害。
> 倒不如留在家里教奶奶，
> 没有奶奶教乖乖。

下雨就教小孩在家里教人，岂不很好？一定要把小孩变成水鸡，拉来上学，我真不懂这是什么教育！当然，我的主张对遇雨戴雨帽、穿雨衣、套雨鞋、没得事做的少爷小姐又当别论了。

攻破大菜关

假如你问一位老成的教育官说：为何不把教育普及出去？你有时会遇到这样的一个回答：我们只求质量的改进，不求数量之加多。这原来就是那"贵精不贵多"的滥调。我曾经写过一首小诗，想把他们的迷梦唤醒："只为阔佬烧大菜，那管穷人吃糟糠；说起理由他充足，声声重质不重量。"在这种冷酷的态度之下，大众的教育是被牺牲了。我们要求大众都能享受粗茶淡饭的教育权，质量与数量是分不开的。我们站在大众的立场上说话，是要在数量上谋质量之纯粹，不在数量外求质量之改进。我们在要求人人都能享受粗茶淡饭的教育的时候，立刻必得要求这粗茶淡饭里没有一粒的泥沙，而有丰富的糠精和维他命。

攻破实验关

"实验"这两个字于今是时髦极了。实验县、实验乡、实验区都应时出现。普及教育是一个时髦的东西，一到了所谓的"科学的教育家"之手也来它一个实验。他们把普及教育分成两半：义务教育和民众教育。于是东来一个普及义务教育实验区，西来一个普通民众教育实验区。他们的意思是：教育不可轻易普及，你必得在一个小的地方先行实验，有了成效，才好推广。比如现在最时髦的营养学是研究"维他命"。这些教育家好像是对大众说："你们慢一点吃，连那粗茶淡饭都不可随便吃，必得让我把那里的'维他命'，研究好了你们才好吃午饭，不然，肚子是会吃坏的。"如果大众听从这位卫生家的话，慢慢的等他把"青菜豆腐"里的"维他命"研究好才有勇气吃午饭，那么，午饭上桌，大众是早已进棺材了。实验、实验，我们如不戳破他，普及教育运动是必得被他耽误。"实验"即"迟延"，我们必得留心这个冒充的科学鬼。

攻破城乡关

一般热心普及教育的人们都不假思索地说，我们先从城里做起，渐渐地推广到乡下去。他们好像是说："乡下人！你们不要急。等我们城里人吃好了，渐渐的会送饭来给你们吃。"中国乡下人的教育便是这样耽误了几十年。我们不能再忍耐。戳穿这种空头支票，城里、乡下的普及教育运动要同时一齐干。

攻破划一关

中国教育官喜欢划一，因为划一很便当。但是事实上不许他这样办。不许他这样办而他偏要这样办，相持好久，渐渐觉悟过来，又悔当初白费心血，心血白费事小，民族的青春被他耽误了。当初连南方与北方的寒暑假都是划一的，岂不可笑。现在还有人在那里做梦：全国教育一定要用汉字去普及。甚而至于蒙古教育要用汉字去普及，西藏教育要用汉字去普及。这真是俟河之清，人寿几何。醒醒吧！运用各民族自有的大众语及文字符号去普及现代生活教育是最快的方法。因为教师现成的多，要省掉许多麻烦。这样一来，也能免除民族间的成见猜疑，更能鼓励各民族自动普及教育的兴趣，进步自可敏捷。

攻破会考关

自从会考的号令下了之后，中国传统教育界是展开了许多幕的滑稽的悲剧。

学生是学会考，教员是教人会考。学校是变了会考筹备处。会考所要的，必须教。会考所不要的，不必教，必不教。于是唱歌不教了，图画不教了，体操不教了，家事不教了，农艺不教了，工艺不教了，科学试验不教了，所谓课内课外的活动都不教了，所要教的只是书，只是考的书，只是会考指南！教育等于读书，读书等于赶考。

拼命的赶考啊！赶到茅厕里去开夜车。会考的书呆子会告诉你说："不闻臭中臭，难为人上人。"

赶了一考又一考。毕业考过了，接着就是会考。会考过了，接着就是升学考。一连三个考赶下来，是会把肉儿赶跑了，把血色赶跑了，有些是把性命赶跑了。最可痛恨的是把小先生赶跑了，把大众的教育赶跑了。

四川卢作孚先生在北碚用八百青年天天干新知识广播。这是值得称赞的一件事。我说这八百青年有民生公司的工作，故可顺带干这教育工作。别处似乎难以普遍仿效，何不用小先生？卢先生告诉我，四川小学生要会考，想做小先生而不可能。如要提倡小先生，必得打倒会考。我们要停止这毁灭生活力之文字会考，发动一个培养生活力之创造的考成。创造的考成所要考的是生活的实质，不是纸上的空谈。荒山种了多少树？水井开了几口？公路造了几丈？种植改良了多少？副业增加了多少？病苦减少了多少？体力增加了多少？即知即传人的小先生、传递先生有多少？少爷、小姐、书呆子有多少是成了为大众服务的人？团结抵抗强暴的力量增加了多少？有多少人是得了追求现代知识的钥匙？

攻破偏枯关

有钱、有闲、有面子，才有书念。中国的教育雨，不落在劳苦人的田园里。中国的教育雨，专落在大都会的游泳池里给少爷小姐游水玩。中国的教育雨，不肯落到乡下去，灌溉农人所种的五谷。中国的教育雨，不肯落到边远的地带去滋长时代落伍的人民的文化。即使偶然顺着风势落它一阵，也是小雨，不能止渴。要救这偏枯是在损有余以补不足。中央要补助边疆及穷省；省要补助穷县，县要补助穷乡、穷村。遗产税与庚子赔款是这种补助最好的来源。补助也不限于金钱，人才与材料计划是要同时并进。

攻破多生关

中国人生得多死得多。根据乔启明君四省十一乡村二万余人之调查，平均人口生产为千分之四二点二，死亡率为千分之二七点九。依通俗之四万万总数计算，每年要生一千六百八十万，要死去一千一百五十万，两抵增加人口五百三十万。以全国论，灾荒淘汰、互相残杀是在大批的进行，实际的增加数怕是没有这许多。依照老法子，每年只增加几十万学生，而人口之增加倒超过十倍之数，那是一万年教育也不会普及。就是用我们提议的新法去普及教育，这过分的人口增加也得要统制。一、民族须有一永久人口升降委员会之组织，随时调查春耕地面积之消长，生产技术之效能，生活程度之高下，容纳人口出路之多少，以改定人口升降之比例公布全国，共同遵守。二、研究一个铜板的避妊法，使全民族都够得上实行。三、教男子满二十五岁女子满二十岁始可结婚，结婚后服务五年可生第一子，俟第一子入小学可生第二子，以二子为限（子为男子、女子之通称）。人口稀少之地带由人口升降委员会颁布特殊条例。

攻破守旧关

守旧的头脑是一切进步的大障碍。这旧的里面有许多是骗人的迷信，尤其害人。黑漆一团的头脑要用科学之光来轰动它，叫它起一种变化向进步方向去思想。电影、无线电话是两种最重要的工具。我们要普遍的运用它们来改造我们的头脑。

攻破自由关

我有我的自由，谁能干涉？我高兴就读书，不高兴就不读。我高兴就教教人，不高兴就不教。这种过分的个人自由是必得统制。中华民国要个个国民学成一个现代人，任何人拒绝现代化便是危害民国，必须受法律的处分。有知识的人必须纳知识税，拿自己已得的知识去教人。不肯教人的人不配受教育。既受教育而不肯教人的以抗税论罪。

攻破不平关

纳税的人得不到教育。拿穷人的血汗钱培养富人的少爷小姐，这是多么不平的一件事啊！婆婆不准许媳妇上学，老板不许伙计读书，司务不许徒弟看报，工厂经理不许工人求知识，这又是多么不平的现象啊！攻破这个难关要三路包围：一是用小先生把知识输送到不能进学校的穷孩子的队伍里去；二是立定妨害进步罪，使一切妨害别人求学的人都受法律的制裁；三是一致奋斗要求教育经费之确定与教育权利享受之普及，以实现教育机会之平等。

攻破天命关

中国人是听天由命的，算命先生是整个中华民国之军师。蝗虫飞来，都说是虫祖，捕灭的人要受天罚。大水来到说是天公发洪收人，不想法子治河。因此，大难临头，是没有自信心与它抵抗，连抵抗的念头都不敢起。普及教育者必须攻破天命，唤起人工胜天的自信力。我们所要普及的是创造的人生观。教育界里的人是一样的信天命，他们说：这样穷的国家，教育怎能普及？大众也是只怪自己没有福气读书，命里注定是目不识丁。只要存着这样一个念头，教育就永远不会普及。我们也只需把念头一转，抱定一个人定胜天的人生观，向前创造，现代教育就自然而然地普及出去了。

小孩子能做小先生吗？

上面所说的二十七个关口之中至少有十二个重要关口都要靠小先生云攻破。小孩子能不能做小先生，是成了严重的问题。自古以来，小孩子是在教人。但正式承认小孩为小先生是一件最摩登的事。这正式的承认，到现在，还只是限于少数的实验学校。我们必须使大家承认小孩能做教师，然后教育才能普及。小孩的本领是无可怀疑。我们有铁打的证据保举他们做先生。

（一）小孩能教小孩之铁证

（甲）南京晓庄佘儿岗的农人自己办了一个农村小学。这个小学里面的校长、教师、工人都是小孩自己担任。因为他们是自己教自己，所以又称为自动学校，这是我为他们写的一幅小照：

> 有个学校真奇怪：
>
> 小孩自动教小孩。
>
> 七十二行皆先生；
>
> 先生不在学如在。

（乙）淮安有个新安小学，里面有七个小学生，组织了一个儿童旅行团，跑到上海来。他们没有教师领导，也没有父母照应，只是运用团体的力量制裁个人的行动，他们靠卖书卖讲过活，到上海的那一天袋里只有十块钱，告别上海的时候，却有六十块钱了。该校校长汪达之先生写信来，要我为这些小光棍的价值估一估，我便写了两首诗答复他：

（一）

一群小光棍，（汪校长来信给他们的绰号）

数数是七根，

小的十二岁，

大的未结婚，（乡间十六七岁就结婚）

（二）

没有父母带，

先生也不在。

谁说小孩小？

划分新时代！

在这些小孩子的铁证之下，时代是分成了两个。那个瞧不起穷光蛋和小孩子的时代是永远的过去了。这一边是开始了一个新时代，穷光蛋和小孩子是有不可轻视的力量。

（丙）无锡和宜兴交界处有个地方叫漕桥，漕桥有位青年叫做承国英。他要在西桥地方创办一个儿童工学团，要我代他找人帮忙。经验告诉我们：儿童工学团，只有儿童会办。我便找了一位不满十三岁的侣朋前去帮助他。侣朋到那儿的使命有二：一是发现当地有能力的儿童，把他们找出来领导全体儿童共同创造这个儿童工学团；二是对当地的农民表现儿童的力量，使他们相信小孩子有很大的本领。侣朋到西桥的第二天正是元旦，他被邀出席三百多人的一个农民大会，立时把儿童工学团成立。据国英来信说，侣朋是有惊人的成功。的确，他在我们当中，是表现了超越的天才。他教小孩子比我们任何大人教得好。

（二）非战的马莱先生到山海工学团来参观的时候，随时找了一个孩子问了几十个问题。这孩子不但是对答如流，并且与马莱先生舌战一小时之久，卒使马莱先生得一个深刻之印象而去。这孩子便是社健。他现在只有十三岁，在萧场帮助他的哥哥创办儿童工学团。他正在领导四十几个能上学的小孩，把教育送到一百多位不能上学的小孩的门上去。他已经是个"人的小渔翁"，正撒下生活教育网儿要捞小孩子。他要一网打尽，不使一个逃掉。

（二）小孩能教大人之铁证

依传统的观念来说，只有大人教小孩，那有小孩教大人？传统的教育家没有一个不承认教育只是成人对于小孩之行动。这些洋八股的教育家是闭起眼睛胡说，他们忽略了一半的事实。事实告诉我们，大人能教小孩，小孩也能教大人。如不相信，请看我们的证据：

（甲）我们开始提倡平民教育的时候，家母是五十七岁。她当时就发了一个宏愿要读《平民千字课》。舍妹和我都忙于推广工作，没有空闲教她。那时小桃才六岁，读完第一册。我们就请他做小先生，教祖母读书。这大胆的尝试是成功了。祖孙二人一面玩一面读，兴高采烈，一个月就把第一册读完。读了十六天，我依据《千字课》上的生字写了一封信，从张家口寄给家母，她随口读起来，耳便听懂了。今天回想这件事很有意义，便在当年所拍的祖孙读书图上，题了八首诗如下：

（一）

吾母五十七，发愤读书籍；

十年到如今，工学无虚日。

（二）

小桃方六岁，略识的和之，

不曾进师范，已会为人师。

（三）

祖母做学生，孙儿做先生；

天翻地覆了，不复辨师生。

（四）

三桃凑热闹，两眼呆望着，
望得很高兴，祖孙竟同学。

（五）

十课十六天，儿子来一信，
老人看得懂，欢乐宁有尽。

（六）

匆匆六个月，毕业无文凭，
日新又日新，苦口作新民。

（七）

病发前一夜，母对高妈说：
你比我年青，求学要心决。

（八）

子孙须牢记，即知即传人！
若作守知奴，不算中国人。

（乙）中华教育改进社十年前在清华学校开年会，要教全体社员唱赵元任先生制的《尽力中华歌》。教导员是请了晏阳初先生担任。这首歌是用简谱写的，临时才知道晏先生不认识简谱，恰巧小桃是方才学会这首歌，我心急计生，便叫小桃把这首歌教晏先生唱了几遍，晏先生一学会就登台引导全体会众唱起来，会众只知道教导是晏先生，哪里晓得他们的太上先生是一个六岁的小孩呢！

（丙）我为自动学校所写的小诗，原稿的第二句是"大孩自动教小孩"。自动学校的小朋友接到这首诗就写了一封信来谢我，但是提议要把那个"大"字改为"小"字。他们反问我："大孩能自动，小孩就不能自动吗？大孩能教小孩，小孩就不能教大孩吗？"我是被他们问倒了。从此，这首诗的第二句便改成"小孩自动教小孩"。所以自动学校的小朋友，不是我的学生，乃是我的先生，我的一字师。

（丁）新安儿童旅行团来沪，不但在中小学演讲，而且在大夏、光华、沪江各大学演讲。我向一位大学教授问，小孩们讲得如何？他说："几乎把我们的饭碗打破！"小孩能教大学生，甚至于几乎把传统教授的饭碗弄得有些不稳，虽然是千古奇闻，但确是铁打的事实。

小先生之怀胎是在十一年前。难产啊！到了二十三年（一九三四年）一月二十八日才出世。奇怪得很，他一出世便是一个英勇的战士。在这十一个月当中他已经攻进了二十三省市。现在全县已经开始普遍采用小先生的有河北的江陵、浙江的鄞县。安徽教育厅长首先承认小先生为全省普及教育之要图。大上海一带包括特别市、俞塘、高桥、公共租界、法租界，山海工学团已有小先生万余人。上海特别市教育局在二十四年春天要总动员从事普及教育运动。宜兴之西桥最进步，没有一个小学生不做小先生。别的地方，如晓庄之余儿岗，无锡之河埒口，淮安之新安，歙县之王充，山东之邹平、泰山，河北之南开、定县，山西之舜帝庙，广东之百侯，河南之百泉、洛阳、开封，都已有了昭著的成效。现在是分三路进行：一、由人民自动组织全国普及教育助成会及普及教育五人团，辅助各地推动普及教育。二、起草全国普及生活教育方案，向中央政府建议以推进全国普及教育运动。三、起草妨害进步罪，向立法院建议列入刑法以扫除普及教育之障碍。若这三件事能于三个月内完成，则中国普及教育可以在二年之内树立一坚持的基础，以助成中华民国与大同世界之创造。

（1934—1935年）

导读 在陶行知看来，生活教育的特质主要表现在六个方面：生活的、行动的、大众的、前进的、世界的、有历史联系的。

生活教育之特质

你如果看过《狸猫换太子》那出戏，一定还记得那里面有一件最有趣的事情，就是出现了两个包龙图：一个是真的，还有一个是假的。我们仔细想想，是愈想愈觉得有趣味了。世界上无论什么事，都好像是有两个包龙图。就拿教育来说罢，你立刻可以看出两种不同的教育：一种叫做传统教育；另一种叫做生活教育。又拿生活教育来说吧，你又可以发现两种不同的说法：一种主张"教育即生活"；另一种是主张"生活即教育"。我现在想把生活教育的特质指出来，目的不但要使大家知道生活教育与传统教育之不同，并且要使大家知道把假的生活教育和真的生活教育分别出来。

（一）生活的。生活教育第一个特点是生活的。传统的学校要收学费，要有闲空工夫去学，要有名人阔佬介绍才能进去。有钱，有闲，有面子，才有书念，那么无钱、无闲、无面子的人又怎么办呢？听天由命吗？等待黄金时代从天空落下来吗？不！我们要从生活的斗争里钻出真理来。我们钻进去越深，越觉得生活的变化便是教育的变化。生活与生活一摩擦便立刻起教育的作用。摩擦者与被摩擦者都起了变化，便都受了教育。有人说：这是"生活"与"教育"的对立，便是"生活"与"教育"的摩擦。我以为教育只是生活反映出来的影子，不能有摩擦的作用。比如一块石头从山上滚下来，碰着一块石头，就立刻发出火花，倘若它只碰着一块石头的影子，那是不会发出火花的。说得正确些，是受过某种教育的生活与没有受过某种教育的生活，摩擦起来，便发出生活的火花；即教育的火花；发出生活的变化，即教育的变化。

（二）行动的。生活与生活摩擦，便包含了行动的主导地位。如果行动不在生活中取得主导的地位，那么，传统教育者就可以拿"读书的生活便是读书的教育"来做他们掩护的盾牌了。行动既是主导的生活，那么，只有"为行动而读书，在行动上读书"才可说得通。我们还得追本推源的问：书是从哪里来的？书里的真知识是从哪里来的？我们是毫不迟疑的回答说："行是知之始"，"即行即知"，书和书中的知识都是著书人从行动中得来的。我要声明著书人和注书人抄书人是有分别。人类和个人的知识的妈妈都是行动。行动产生理论，发展理论。行动所产生发展的理论，还是为的要指导行动，引着整个生活冲入更高的境界。为了争取生活之满足与存在，这行动必需是有理论、有组织、有计划的战斗的行动。

（三）大众的。少爷小姐有的是钱，大可以为读书而读书，这叫故小众教育。大众只可以在生活里找教育，为生活而教育。当大众没有解放之前，生活斗争是大众唯一的教育。并且孤立的去干生活教育是不可能的，大众要联合起来才有生命可过；即要联合起来，才有教育可受。从真正的生活教育看来，大众都是先生，大众都是同学，大众都是学生。教学做合一，即知即传是大众的生活法，即是大众的教育法。总说一句，生活教育是大众的教育，大众自己办的教育，大众为生活解放而办的教育。

（四）前进的。有人说，生活既是教育，那么，自古以来便有生活，即有教育，又何必要我们去办教育呢？他这句话，分析是对的，断语是错的。我们承认自古以来便有生活即有教育。但同在一社会里，有的人是过着前进的生活，有的人过着落后的生活。我们要用前进的生活来引导落后的生活，要大家一起来过前进的生活，受前进的教育。前进的意识要通过生活才算是教人真正的向前去。

（五）世界的。课堂里既不许生活进去，又收不下广大的大众，又不许人动一动，又只许人向后退不许人向前进，那么，我们只好承认社会是我们唯一的学校了。马路、弄堂、乡村、工厂、店铺、监牢、战场，凡是生活的场所，都是我们教育自己的场所。那么，我们所失掉的是鸟笼，而所得的倒是伟大无比的森林了。为着要过有意义的生活，我们的生活力是必然的冲开校门，冲开村门，冲开城门，冲开国门，冲开无论什么自私自利的人所造的铁门。所以，整个中华民国和整个世界，才是我们真正的学校咧。

（六）有历史联系的。这里应该从两方面来说。第一，人类从几千年生活斗争中所得到，而留下来的宝贵的历史教训，我们必须用选择的态度来接受。但是我们要留心，千万不可为读历史而读历史。我们必须把历史的教训，和个人或集团的生活联系起来。历史教训必须通过现实生活，从现实生活中滤下来，才有指导生活的作用。这样经生活滤过的历史教训，可以使我们的生活倍上加倍的丰富起来。倘使一个人停留在自我或少数同伴的生活上，而拒绝广大人类的历史教训，那便是懒惰不长进，跌在狭义的经验论的泥沟里，甘心情愿的做一只小泥鳅。第二，中国已经到了生死关头，争取大众解放的生活教育，自有它应负的历史的使命。为着要争取大众解放，它必须要争取中华民族的解放；为着要争取中华民族的解放，它必须教育大众联合起来解决国难。因此，推进大众文化以保卫中华民国领土主权之完整，而争取中华民族之自由平等，是成了每一个生活教育同志当前所不可推却的天职了。

（1936年）

导读 陶行知讲填鸭教育，绕开教育，只讲填鸭，只在结尾蜻蜓点水一样，一笔带过，给读者以思考的空间。

填鸭教育

厚德福是北碚最道地的北方馆子。我在这里第一次看见填鸭，听到填鸭的道理，自然而然的联想到久已闻名的填鸭教育。

我从厚德福里一位伙计所得到的填鸭的知识是如此：第一步是买鸭皮。先把那些皮儿可能长肥的鸭儿买来。皮儿不可能长肥的鸭就不要。这要靠选择。目光好，选择准确，那么喂它半个月、二十天就会长得很肥，这好像是专究学校的入学考试。

第二步是预备填料，此地用的填料是四分米六分黑面，搓成"食指"大小的小条，填入鸭儿的食道。每天填三餐，每餐填八条，费钱八分光景。这好比是预备现成教材，按照一定钟点上课，全体一律受教，不管个性如何。在教育界里面是有不少的办法和填鸭相仿佛。谁个要在学生需要之外悬立目的，超出学生自愿容量去灌注教材，一心一意指望学生们赶快的照他主观的模样长成，使他和他的主顾可以享受，只须如此，他便是在办填鸭教育。

厚德福的朋友还告诉我，北方的填料跟这里有些不同。北方普通用的是面粉、高粱、麸子拌起来用，有时也用玉米。我说四川玉米价钱低，为什么不用玉米呢？他说，这儿鸭子喉咙小，用玉米填下去会把鸭儿胀死；因为填死几只鸭，我们才知道玉米对于四川鸭不合用。我愿意教育者有这样的周到，材料如果用得不对，填鸭可以填死，被人填死的学生有多少啊！

（1939年）

┃导读┃ 初级十六常能，高级七常能，便是育才学生所应具备的二十三常能，其中竟然有开汽车的常能，不得不让人佩服他的预见性。

育才二十三常能

初级十六常能

（一）会当书记：包括写小楷，管卷宗，写社交信，做会议记录等。（在国语课和社交活动时及集体活动中学习）

（二）会说国语：包括会话，讲解，演说等。（在国语课、演说会、讨论会、早会、晚会、一切集会与人接谈时，随时留心细听，学习善国语的先生同学的发音、语调。如需要时，可请善国语者进行集体指导，或个别指导。）

（三）会参加开会：包括发言，提议，选举，做主席等。（在公民课或社会课及一切集会中学习）

（四）会应对进退：包括招待宾客——谈话，引导参观，招待茶饭，——送信接洽事情等。（在平时须留心学校情形，熟悉学校行政组织大概，当会宾客时，才能应对合度，彬彬有礼。在任招待前有准备，在别人应对进退时可以观摩，在自己实践时，必须在慎重其事中学习。）

（五）会做小先生：包括帮助工友、同学以及学校附近农友等。（在"文化为公"、"知识为公"、"即知即传"的号召下，自动的以一技一艺之长去帮助人长进中学习。）

（六）会管账目：包括个人账目、集体账目，会记账，会报账，会管现金出纳等。（抱着有账即记、公私分明的原则，在记载个人日用账目及集体账目中学习。）

（七）会管图书：包括编目，晒书，修补，陈列，借书等。（在每个人自己桌屉中钓图书，必须日常整理，不得散乱。在各小组的图书架上，在图书库里观摩和二作中学习。）

（八）会查字典：包括中文字典和外文字典等。（在小学四年级以上，在国语课、外语课的课前准备工作中学习。）

（九）会烧饭菜：包括小锅饭、小锅面、小锅菜十味以上。并会做泡菜、咸菜、糖果、果子酱、腊肉等。（在聚餐、野餐、助厨时学习。）

（十）会洗补衣服：包括洗衣补衣等。（在十二岁以上，必须学会洗补衣服、晒晾、折浆。规定每星期洗衣一次。衣服破了即须缝补，会者教不会者；不会者必须跟会者学。）

（十一）会种园：包括种菜，种花，种树等。（规定小学生每人至少种菜半分；中学生至少种一分。在生产活动中学习。）

（十二）会布置：包括装饰，陈列，粉刷，洒扫等。（在美术课、手工课，参加布置生活室、会客室、课室、寝室、会场中学习。）

（一三）会修理：包括简单木工、竹工、泥水工、油漆工工具等。（在修理中学习）

（十四）会游泳：包括仰游俯游等。（在夏令必须参加游泳学习，在平时可定期去温泉学习。）

（十五）会急救：包括医治小毛病，救溺，救触电，救中煤毒等。（请卫生室及校外医工指导，在分配卫生工作及旅行、急救中学习。）

（十六）会唱歌：包括独唱，合唱等。（在唱歌课、参加合唱团中学习）

高级七常能

（一）会开汽车：（检查目力及手腕灵敏，懂得汽车构造，请专家指教。）

（二）会打字：（学毕高中英文，请专家指教。）

（三）会速记：（文字通顺，并请专家指教。）

（四）会接电：（学毕电学，并请专家指教。）

（五）会担任翻译：（在实习外国语课，极力争取会话练习，外宾至时，及与外宾做朋友中学习，交谈中学习。）

（六）会临时讲演：（在平时各种演说会、欢迎会、送别会及指定代表出席参加各社团纪念会中学习。）

（七）会领导工作：（在指定集体工作中负责领导，在集团选举出负责领导工作中学习，以完成上级或集团付托之使命。）

（1941年）

导读　　陶行知常言社会即学校，而本文则是针对社会大学的一篇简论，社会大学，在民国时期全民教育水平不高的情况下，对于广大民众的再教育产生过非常积极的影响，即便是在改革开放以后也曾对社会的进步起到积极的意义。如今高等教育几乎已经可以覆盖整个社会，社会大学也便很少提及了。

谈社会大学

　　根据国民政府三十二年年鉴的统计有六万大学生，八十四万中学生。再根据这个数目字，平均起来，十万高中毕业生就只有一万能进大学。其余十分之九的高中毕业生、至少九万人，是被摒弃在正规大学之外的。再以年龄计算，应受高等教育失学之人，由十六岁至四十岁这二十几年当中，失学青年以每年十万计，就该有二百万人。这二百万人，应当有高等教育给他们。他们需要，也有能力接受大学教育的。此外，在社会上还有很多的青年，他们也有同样的知识水准，有同样的接受能力，那么算少点罢，加上一倍罢，就该有四百万人，需要受大学教育。收复区还未列入。这么多人要受高等教育，但正规大学数量不多，无法容纳，且大多数都无力进正规大学。因此，解决他们的教育问题，的确是件大事。国家应对他们负责，社会也应对他们负起责任来。社会大学就是在这种客观要求之下产生的。

　　要真正把社会大学办起来，真正适应这八百多万人的需要，它的条件就必须'简单'，只有简单才易实行，普遍起来。所谓"简单"的办法，他又包含着三个因素：第一个是要有热心的教授，第二个是要有好学而有大学力的失学青年，第三个要有大学之道。房屋我们是不把它包括在内的，但若没有大学之道，两种人物（学生与教授）是不会联在一道儿的。

孔子是校长兼教授，他的学生有七十二贤，或者"冠者五六人，童子六七人"。他的大学之道"在明明德，在亲民，在止于至善"。有了这三种东西，简单的大学就办起来了。

苏格拉底，也做校长也做教授，他的学生是雅典青年（柏拉图也是他的学生之一），街头市场就是课堂。他在市场上走来走去，与雅典青年辩可。他的大学之道是"自明"（know themselves）。他是虽有大学之实而不大喜欢承认他有门徒的。

因为他简单就容易行，有了学者做先生，有了学力够的好学的学生，有了大学之道，于是就构成了社会大学。特别是在中国，他是不需要弄一些不必要的东西来阻挠大学之发展的，什么洋房哪，基金哪，立案哪……有了这些就不可能顾到这么多的广大青年求学，惟其易行，就容易普遍。

我们这个大学（指社会大学）有热心教授、热情的学生，也有我们的新的大学之道："在明民德，在亲民，在止于人民之幸福。"我们没有洋房子，可以借，可以佃；书不够，整个重庆市的图书馆我们都可以去看，朋友的书，彼此间也可以交换着来读。现在没有基金，将来也不会有基金，一切弄来的款子都花在书籍工具上。开创虽简单，必然跟时间的发展而增长，而从社会科学发展到自然科学。

社会大学的创办是独特的，他可以有三种方式出现，都是很方便的。

第一种：重庆社会大学的方式：好学的青年团结起来，自己发起，自己筹备、筹款，自己推董事，选校长，开出聘请教授名单。

第二种：这将在别的地方可被采用，热心的在野在朝的教授团结起来，找好学的学生，自己的朋友，合力创办。

第三种：是社会贤达团结起来，找热心的教授，好学的学生，共同来创办。

三种办法都是可以的。

重庆社会大学，一月一日筹备，一月十五日就开学了。因为他简单，很快就办了起来。他是四个月一个学期，每天四堂课，每堂课四十五分钟，一年三个学期，二年零八个月就可以结业。重庆这里是会继续办下去，别的地方，我们很希望用这种简单的办法广泛办起来，以应这广大青年群的需要。

较汤口的事件① 二月十日发生，听说二月十六日教育部就训令教育局来视察社会大学。三月十九日，教育局来视察，要社大筹基金，履行立案手续，并且有"设备简陋'的批语。"简单"，社大学人是承认的，他的方法就要简单，简单才易行。"陋'就要有一种不同的看法了，《陋室铭》的君子居之，"何陋之有?"是作了我们的辩护。有学问的人当教授，好学的青年做学生，又有新的大学之道来贯彻作指针，可以说得是"君子办之，何陋之有"?

究竟以后社会大学前途的估计怎么样呢?

假如政治民主了，政府就一定会顾虑到这一些青年，给他们以受大学教育的机会，办大学来普及这一类的高等教育的。将来还不止是一个社会大学，而遍地都会办起来的。这个计划是已经有了十年，从前未提出来，是因为在那么一个政治的环境里不可能。现在，政协会成功了，而且这一计划也正符合了政协决议中的要求，才试办，其试办出来之方法及经验，可供给政府及社会人士参考，大规模的办起来的。

如果是法西斯政治，这一个学校是不可能存在。所以社会大学之前途，将来是决定于政治是否走上民主之路，或停留在法西斯主义，或真假不明的阶段。

（1946年）

---

① 较场口事件，1946年2月10日，重庆各界人士在较场口举行庆祝政治协商会议成功大会。陶行知、郭沫若、李公朴等20人为大会主席团。后郭沫若、李公朴被打伤，陶行知即带领育才师生上街游行，抗议示威。称之为"较场口惨案"，即"较场口事件"。

┃导读┃　生活教育在中国，最早由陶行知提出并推广　生本文中陶行知回溯了生活教育理念的创立及成长，虽然写得非常　单，但写出了生活教育成长的艰辛。

生活教育的创立与成长

一　晓庄师范之成长

　　"生活教育"第一次的发现，是民国七年在南京高等师范　年。中国的教育太重书本，和生活没有联系。教育不通过生活是没有用的，　要生活的教育，用生活来教育，为生活而教育。为生活需要而办教育，教　和生活是分不开的。我们应以前进的生活改造落后的生活，以合理的生活改　不合理的生活，以有计划的生活，克服无秩序的生活。民国八年是生活教　思想上的萌芽。民国十五年，有五六个教师下了决心，丢掉了传统教育下乡　，民国十六年三月十五日在南京的一角，才出现生活教育的具体机构——晓　师范，也就是生活教育从理论到实践开始的一天。

二　阳光下的诗意生活

　　民国十六年三月十四日晚上到乡下去筹备开学，一个狭小的房　，住五个人，还有第六个是一匹老牛，它却占了一半多地方。第二天早晨，　苏教育厅厅长江问渔来了，我们也在那屋子里欢迎他。后来，我们到会场上去布置了，没有人招待江厅长，以劳苦功高的老牛陪他。

开学礼是生活教育的开学礼。到的人数据陈鹤琴先生说有一千多。

没有房子而于学校，这是首创。我们以青天为顶，地球为地，日光照着工作，月光下休息和唱歌，过着富有诗意的生活。

学生男的以下荒挑粪、女的倒马桶作为考试，洗菜、烧饭、打杂都得学生自己动手。因此有诗一首："书呆子烧饭，一锅烧四样：生、焦、硬、烂。"挑水挑粪的比赛作为运动。学校没有围墙，农民随时可到学校里去。每家农家住有一二个学生，帮着扫地抹桌等操作，跟农民生活在一起，相互学习。学习和农民熟悉交流后，学生重新发现自己也有一双手，农民发现自己还有一个头脑。

后来，晓庄被封，封条没处贴，贴在黑板上。

三 普及教育的小先锋

我从日本回国后，在大场孟家木桥建立了山海工学团。学生来一个收一个，来两个收一双……来者不拒。学生人数由二三十个，而七八十个，而一二百个，不断的迅速的增加着。四个先生教得累死了，还坚持做到不来读书的要送上门去。

在客观情势的要求下，发明了"小先生制"。读书的小学生回去后做小先生，去教自己的姊姊和母亲等读书。

宝山县教育局长冯国华先生，他也是生活教育社的社员，打算普及宝山县的教育，请委任了一个计划。呈到省政府里去，受了撤职查办的处分。山海工学团为了普及教育，也要查封？终于因查无实据而打消。

四 培养老百姓做主人

之后，成立了国难教育社，流浪儿童工学团、报童、┓工工学团相继产生，运用生活教育的力量，号召全国人民起来抗日。

当前最大的任务，是普及民主教育，培养老百姓做主人，造成自由平等幸福的新中国。我们必须同心合力来展开，为推动普及民主教育的工作而努力。

（1946年）

导读 在本文的开篇，陶行知讲得清楚：创造的儿童教育，不是说教育可以创造儿童，而是要在儿童自身的基础上，过滤并运用环境的影响，以培养加强发挥其创造力，使他长得更有力量，以贡献于民族与人类。

创造的儿童教育

创造的儿童教育，不是说教育可以创造儿童，儿童的创造力是千千万万祖先，至少经过五十一万年与环境适应斗争所获得而传下来之才能之精华，发挥或阻碍，加强或削弱，培养或摧残这创造力的是环境。教育是要在儿童自身的基础上，过滤并运用环境的影响，以培养加强发挥这创造力，使他长得更有力量，以贡献于民族与人类。教育不能创造什么，但他能启发解放儿童创造力以从事于创造之工作。

我们晓得特别是中国小孩，是在苦海中成长。我们应该把儿童苦海创造成一个儿童乐园。这个乐园不是由成人创造出来交给小孩子，也不是要小孩子自己单身匹马去创造，我们造一个乐园交给小孩子，也许不久就会变为苦海，单由小孩子自己去创造，也许就创造出一个苦海，所以应该成人加入小孩子的队伍里去，陪着小孩子一起创造。

一、把我们摆在儿童队伍里，成为孩子当中的一员。我们加入到儿童队伍里去成为一员，不是敷衍的，不是假冒的，而是要真诚的，在情感方面和小孩子站在一条线上。我曾经写过一首小诗，描写过我们在小孩队中应有和不应有的态度。

儿童园内无老翁，

老翁个个变儿童，

变儿童，

莫学孙悟空！

他在狮驼洞，

也曾变过小钻风，

小钻风，

脸儿模样般般像，

拖着一条尾巴两股红。

我们要加入儿童队伍里，第一步要做到不失其赤子之心。　　成小孩子队伍里的一分子。

二、认识小孩子有力量。我们加入儿童生活中，便发现小　子有力量；不但有力量，而且有创造力。我们要钻进小孩子队伍里才能有这　新认识与新发现。

从前当晓庄学校停办的时候，晓庄的教师和师范生不能回　庄小学任职，私塾先生又被小孩拒绝，农人不好勉强聘清，不得已，小孩自己　织起来，推举同学做校长当教员，自己教，自己学，自己办，并自称自动学　。这是中国破天荒的创造。我听见了这个消息以后，就写了一首诗去恭贺他　：

有个学校真奇怪：

大孩自动教小孩。

七十二行皆先生，

先生不在学如在。

写好之后，交给几位大学生，请他们指教，他们说尽善尽美，于是用快信寄去。

第三天，他们回一封信，向我道谢之外，说这首诗有一个字要改。大孩教小孩，难道小孩不能教小孩吗？大孩能够自动，难道小孩不能自动吗？而且大孩教小孩有什么希望呀？这一串炸弹把个"大"字炸得粉碎，我马上把他改为"小孩自动教大孩"，这样一来，是更好了。黄泥腿的农村小孩改留学生的诗，又是破天荒的证明，证明小孩有创造力。

又有一次我到南通州去推广"小先生"，写了一篇一分钟演讲词，内中有一段："读了书，不教人，甚么人？不是人。"我讲过后有一个小孩子马上来说，陶先生，你的演讲最好把"不是人"改为"木头人"，"木头人"比"不是人"更好了。因为"不是人"三个字不具体，桌子不是人，椅子也不是人，而"木头人"是给了我们一个具体的印象。这也证明小孩子有创造力。我们要真正承认小孩子有创造力，才可以不被成见所蒙蔽。小孩子多少都有其创造的能力。

三、解放儿童的创造力。我们发现了儿童有创造力，认识了儿童有创造力，就须进一步把儿童的创造力解放出来。

（一）解放小孩子的头脑。儿童的创造力被固有的迷信、成见、曲解、幻想层层裹头布包重了起来。我们要发展儿童的创造力，先要把儿童的头脑从迷信、成见、曲解、幻想中解放出来。迷信要不得，成见要不得，曲解要不得，幻想更要不得，幻想是反对现实的。这种种要不得的包头布，要把他一块一块撕下来，如同中国女子勇敢地撕下了裹脚布一样。

自从有了裹脚布，从前中国妇女是被人今天裹、明天裹，今年裹、明年裹，骨髓裹断、肉裹烂，裹成一双三寸金莲。

自从有了裹头布，中国的儿童、青年成人也是被人今天裹、明天裹，今年裹、明年裹，似乎非把个个人都裹成一个三寸金头不可。如果中华民族不想以三寸金头出现于国际舞台，唱三花脸，就要把裹头布一齐解开，使中华民族的创造力可以突围而出。三民主义开宗明义就说：大凡人类对 一件事，研究其中的道理，首先发生思想，思想贯通，以后才生信仰，有了 信仰，才生力量。思想贯通，便等于头脑解放。唯独从头脑里解放出来的创造 才能打退日本鬼，建立新中国。

（二）解放小孩子的双手。人类自从腰骨竖起，前脚变成 一双可以自由活动的手，进步便一天千里，超越一切动物。自从这个划时代的 解放以后，人类乃能创造工具武器文字，并用以从事于更高之创造。假使人 把双手束缚起来，就不能执行头脑的命令。我们要在头脑指挥之下用手使用 机器制造，使用武器打仗，使用仪器从事发明。中国对于小孩子一直是不许动 手，动手要打手心，往往因此摧残了儿童的创造力。一个朋友的太太，因为小 孩子把她的一个新买来的金表拆坏了，在大怒之下，把小孩子结结实实打了一 顿。后来她到我家里来说："今天我做了一件极痛快的事，我的小孩子把金表 坏了，我给了他一顿打。"我对她说恐怕中国的爱迪生被你枪毙掉了。我和 仔细一谈，她方恍然大悟，她的小孩子这种行动原是有出息的可能，就向我 请教补救的办法。我说："你可以把孩子和金表一块送到钟表铺，请钟表师 修理，他要多少钱。你就给多少钱，但附带的条件是要你的小孩子在旁边看 如何修理。这样修表铺成了课堂，修表匠成了先生，令郎成了速成学生，修 费成了学费，你的孩子好奇心就可得到满足，或者他还可以学会修理咧。" 孩子的双手是要这样解放出来。中国在这方面最为落后，直到现在才开始讨论 解放双手。在爱迪生时代，美国学校的先生也是非常的顽固，因为爱迪生喜 玩化学药品，不到三个月就把他开除！幸而他有一位贤明的母亲，了解他，把 家里的地下室让给他做实验。爱迪生得到了母亲的了解，才一步步的把自己 成发明之王。那时美国小学的先生不免也阻碍学生的创造力。我们希望保育员 先生跟爱迪生的母亲学，让小孩子有动手的机会。

（三）解放小孩子的嘴。小孩子有问题要准许他们问。从 问题的解答里，可以增进他们的知识。孔子入太庙，每事问。我从前写过 首诗，是发挥这个道理："发明千千万，起点是一问。禽兽不如人，过在不会问。智者问得巧，愚者问得笨。人力胜天工，只在每事问。"但中国一般习惯是不许多说话，小孩子得到言论自由，特别是问的自由，才能充分发挥他的创造力。

（四）解放小孩子的空间。从前的学校完全是一只鸟笼，改良的学校是放大的鸟笼。要把小孩子从鸟笼中解放出来，放大的鸟笼比鸟笼大些，有一棵树，有假山，有猴子陪着玩，但仍然是个放大的模范鸟笼，不是鸟的家乡，不是鸟的世界。鸟的世界是森林，是海阔天空。现在鸟笼式的学校，培养小孩用的是干腌菜的教科书。我们小孩子的精神营养非常贫乏，这还不如填鸭，填鸭用的还是滋养料上鸭儿长得肥胖的。我们要解放小孩子的空间，让他们去接触大自然中的花草、树木、青山、绿水、日月、星辰以及大社会中之士、农、工、商、三教九流，自由的对宇宙发问，与万物为友，并且向中外古今三百六十行学习。创造需要广博的基础。解放了空间，才能搜集丰富的资料，扩大认识的眼界，以发挥其内在之创造力。

（五）解放儿童的时间。现在一般学校把儿童的时间排得太紧。一个茶杯要有空立方可盛水。现在中学校有月考、学期考、毕业考、会考、升学考，一连考几个学校。有的只好在鬼门关去看榜。连小学的儿童都要受着双重夹攻。日间由先生督课，晚上由家长督课，为的都是准备赶考，拼命赶考，还有多少时间去接受大自然和大社会的宝贵知识呢？赶考和赶路一样。赶路的人把路旁风景赶掉了，把一路应该做的有意义的事赶掉了。除非请医生、救人，路是不宜赶的。考试没有这样的重要，更不宜赶，赶考首先赶走了脸上的血色，赶走了健康，赶走了对父母之关怀，赶走了对民族人类的责任，甚至于连抗战之本身责任都赶走了。最要不得的，还是赶考把时间赶跑了。我个人反对过分的考试制度的存在。一般学校把儿童全部时间占据，使儿童失去学习人生的机会，养成无意创造的倾向，到成人时，即有时间，也不知道怎样下手去发挥他的创造力了。创造的儿童教育，首先要为儿童争取时间之解放。

四、培养创造力。把小孩子的头脑、双手、嘴、空间、时间都解放出来，我们就要对小孩子的创造力予以适当之培养。

（一）需要充分的营养。小孩的体力与心理都需要适当的营养。有了适当的营养，才能发生高度的创造力，否则创造力就会被削弱，甚而至于夭折。

（二）需要建立下层的良好习惯，以解放上层的性能，使能从事于高级的思虑追求。否则必定要困于日用破碎，而不能够向上飞跃。

（三）需要因材施教。松树和牡丹花所需要的肥料不同，你用松树的肥料培养牡丹，牡丹会瘦死；反之，你用牡丹的肥料培养松树，松树受不了，会被烧死。培养儿童的创造力要同园丁一样，首先要认识他们，发现他们的特点，而予以适宜之肥料、水分、太阳光，并须除害虫，这样，他们才能欣欣向荣，否则不能免于枯萎。

最后，我要提醒大家注意创造力最能发挥的条件是民主。当然在不民主的环境下，创造力也有表现。那仅是限于少数，而且不能充分发挥其天才。但如果要大量开发创造力，大量开发人矿中之创造力，只有民主才能办到，只有民主的目的、民主的方法才能完成这样的大事。民主应用在教育上有三个最要点：

（一）教育机会均等，即是教育为公，文化为公。我们要贫富的机会均等，男女的机会均等，老幼的机会均等，各民族各阶层的机会均等。

（二）宽容和了解。教育者要像爱迪生母亲那样宽容爱迪生，在爱迪生被开除回家的时候，把地下室让给他去做实验。我们要像利波老板宽容法拉第，法拉第在利波的铺子里作徒弟，订书订得最慢，但是利波了解他是一面订书一面读书，终于让法拉第在电学上造成辉煌的功绩。

（三）在民主生活中学民主。专制生活中可以培养奴才和奴隶，但不能培养人民做主人。民主生活并非乱杂得没有纪律。民主要有自觉的纪律，人民只可以在民主的自觉纪律中学习做主人翁。在民主动员号召之下，每一个人之创造力都得到机会出头，而且每一个人的创造力都能充分解放出来。只有民主才能解放最大多数人的创造力，而且使最大多数人之创造力发挥到最高峰。

（1944年）

导读 在本文中陶行知提出了对儿童教育的十点建议 两种对儿童身心有害的极端心理，即忽视和期望太切。对于儿童的 育，若能按照十点建议执行，并避免两种极端的心理，便可创造儿 的乐园。

敲碎儿童的地狱，创造儿童的乐园

儿童是应该快乐的，而现在中国的儿童是非常痛苦。固然有 多人才是从痛苦中长大起来，但是成人的责任是应该把社会改造得好一点， 未成熟的儿童少吃点苦，多享点福。我们应该负起责任来，敲碎儿童的地狱 建立儿童的乐园。不够，我们应该引导儿童把地狱敲碎，让他们自己创造出 园来。

要怎么样除苦造福

第一，我们应该承认儿童的人权。儿童的人权从怀胎的时候于 。打胎虽有法律禁止，但是社会上还是流行着。为着恐怕私生子为人轻视， 从源头上取消了他的生存权。也有因为贫穷而不能教养而出此残忍手段，使 得生命之胎儿不能见天日。我们只需读一读孔子、耶稣的故事，便知道剥削 童生存权是何等的罪恶。每逢饥荒便听得见"易子而食"，这虽然说是被迫 法才出此下策，但也是把小孩的生命当作次一等所致。我们要解除儿童痛苦 儿童福利，首先要尊重儿童的人权。

第二，我们应该了解儿童的能力需要。儿童有许多痛苦是由于父 师长之不了解。不了解则有力无处用，有苦无处说。我们要知道儿童的能力 要，必须走进小孩的队伍里去体验而后才能为小孩除苦造福。我们必须重生为小孩，不失其赤子之心，才能为儿童谋福利。

第三，承认了儿童的人权并了解了儿童的能力需要，才有可能谈儿童福利，否则难免隔靴搔痒，劳而无功，我们在尊重儿童人权及了解儿童能力和需要两条原则下，来提出几件具体的建议。

提出十件具体建议

（一）解除儿童的恐怖。中国的儿童在心理上是处在一个恐怖的世界里。老婆婆、老妈妈一到夜晚没有事便讲鬼说怪，小孩们连在梦里都要惊醒。我们应该使小孩与这些鬼怪故事隔绝，以保持精神之安宁。

（二）打破重男轻女之风尚。这重男轻女的风尚连在文化界还是难免。男的受过分栽培，女的受偏枯的待遇；表面虽然似乎是一乐一苦，但在长大的过程中两者都不免受伤。

（三）提倡儿童卫生。儿童卫生是民族健康之基础，这基础必须用水泥钢骨打得稳固。但是平常做父母的多不注意。儿童卫生有一百件具体的事要做，我只举一件：把食物嚼碎给小孩吃，是害了许多儿童，使家庭的肺病一代代地传下去。革除这一坏习惯，是使许多儿童得到终身的幸福，至于营养要充足，环境要卫生，那是不消说了。

（四）抢救文化饥荒。成千成万的孩子对于学校是不得其门而入，那些已经进学校的是在吃干腌菜的课文。我们一方面要求教育之普及，一方面还要改造学校教育，使教育与生活密切的联系起来，使每一个人都能享受文化的精华。并且革除体罚，改良赶考，注意启发，使小孩接受教育的时候，有求学之乐趣，而无不必要之恐怖与烦恼。

（五）培养人才幼苗。人才的幼苗当从小培养，如果家庭里、学校里、铺子里的孩子，在小的时候，已被发现有特殊的才干，那么，立刻就应该给他以适当之肥料、水分、阳光，使他欣欣向荣。十二岁的爱迪生因为醉心于科学把戏，三个月便被冬烘先生开除了，那对于爱迪生的小心灵是多么大的打击。爱迪生的母亲却了解他，给他在地下室做实验。那对于爱迪生又是多么大的幸福啊。

（六）提倡儿童娱乐。现在流行的戏剧电影，有好些是给了儿童不好的影响。许多父母因为影响不好便因噎废食，绝对不许子女看书看电影。假使我们有好的儿童剧、儿童电影，可以寓教于娱乐，那儿童又是多么的高兴啊！

（七）开展托儿所运动。女工农妇及职业妇女要顾到工作要顾不得小孩，顾到小孩便顾不到工作！其实她们是必得双方兼顾，不顾工作便没有饭吃，小孩是自己的亲血肉，哪能不顾。于是她们为着两样都舍不下的工作和小孩，是一面牺牲了自己，又一面使小孩吃了许多苦。唯一的办法是多设工厂托儿所、农村托儿所和一般的托儿所。

（八）建立儿童工学团。流浪儿、低能儿、聋盲儿、社会问题儿童等特殊儿童，一概用工学团方式培养，不冠以流浪儿教养院或低能儿训养所一类违反心理之名称。每种使小孩就其性之所近，依"工以养生，学以明生，团以保生"之原则，把他们培养成自助长进有用之人。

（九）培养合理之教师父母。儿童痛苦之完全消灭及儿童福利之完全实现，是有待于天下为公。在这过渡时代与儿童幸福痛苦息息相关的，是父母与教师（包括艺徒之师傅）。我们要培养新父母和新教师，以培养更有福的后一代。旧父母和旧教师，凭主观以责儿童之服从；新父母和新教师，客观的根据他们的需要能力以宣导他们的欲望而启发他们的自觉的活动。新父母与新教师，要跟儿童学，教儿童启示自己如何把儿童教得更合理。这种对儿童有了解有办法的新父母、新教师不是从天上落下来，我们需要新的普通学校、新的师范学校和新的父母学校，来培养后一代之新教师与新父母，这是过渡时代之儿童福利之泉源。

（十）抢救战区儿童。抢救难童，在武汉失守前后达到了最高峰。许多英勇青年投身抢救工作及保育事业，当我回国之初，到处所见的，几乎尽是救苦救难的观音大士，以后，随着团结之松懈，民主之退隐，战区难童就好像没有人管了。自湘桂战起，全国儿童福利工作人员开代表大会于陪都，提出紧急动议，组织急救战区儿童联合委员会，加紧抢救工作，这是值得庆幸的好消息，当千千万万难童伸出手来等待援助的时候，在陪都是举行着中国儿童福利协会之成立大会。希望以后协会的任务是抢救抢教双管齐下，才对得起后一代之期望与整个民族之付托。我曾经听过两种被救的难童的经验谈：一种是官僚化的抢救，领队者刚愎自用，剥削难童，先难童之乐而乐，后难童之忧而忧，弄成乌合之众，害得许多小孩死于饿，死于冻，死于病，死于非命！一种是民主式的抢救，领队者虚心听取民意，与难童共休戚，共甘苦，有组织，有计划，有纪律，分工合作，一路学习玩耍奋斗而来，使得大家有远征之乐，没有患难之苦。为难童服务的人们，是应当革除官僚的习气而采取民主的精神。

两种心理有害儿童

我们对于儿童有两种极端的心理，都于儿童有害。一是忽视；二是期望太切。忽视就任其像茅草样自生自灭，期望太切不免揠苗助长，反而促其夭折。所以合理的教导是解除儿童痛苦增进儿童幸福之正确路线。我们必须沿这路线进行，才能使儿童脱离苦海进入乐园。

（1944年）

导读 这是一篇批判性的文章，若批判"伪知识"阶级，必须分清真知识阶级与伪知识阶级的差异，按照陶行知所言：思想与行为结合而产生的知识是真知识，真知识的根是安在经验里的，而不是从经验里发出来的知识便是伪知识。

"伪知识"阶级

自从俄国革命以来，"知识阶级"（Intelligentsia）这个名词忽然引起了世人之注意。在打倒知识阶级呼声之下，我们不得不问一问：什么是知识阶级？知识阶级是怎样造成的？应当不应当把他打倒？这些问题曾经盘旋于我们心中，继续不断的要求我们解答。近来的方向又转过来了，打倒知识阶级的呼声一变而为拥护知识阶级的呼声。我们又不得不问一问：什么是知识阶级？知识阶级是怎样造成的？应当不应当将他拥护？在这两种相反的呼声里面，我都曾平心静气的把这些问题研究了一番，我所得的答案是一致的。我现在要把我一年来对于这些问题考虑的结果写出来，与有同样兴趣的朋友们交换意见。

我们要想把知识阶级研究得明白，首先便须分别"知识"与"智慧"。智慧是生成的，知识是学来的。孟子说："由射于百步之外也：其至，尔力也；其中，非尔力也。"会射箭的人能百步穿杨。射到一百步的力量是生成的限度；到了一百步还能穿过杨树的一片叶子，那便是学来的技巧了。这就是智慧与知识的分别。又比如言语：说话的能力是生成的，属于智慧；说中国话、日本话、柏林话、拉萨话，便是学成的，属于知识。人的禀赋各不相同，生成的智慧至为不齐。有的是最聪明的，有的是最愚笨的。但从最愚笨的人到最聪明的人，种种差别都是渐渐的推上去的。假使我们把一千个人按着聪明的大小排列成行，我们就觉得最聪明的是少数，最愚笨的也是少数，而各人和靠近的人比起来都差不了几多。我们只觉得各个不同，并找不出聪明人和愚笨人中间有什么鸿沟。我们可以用一个最浅近的比方把这个道理说出来。人的长矮也是生成的。我们可以把一千个人依着他们的长矮顺序排列：从长子看到矮子，只见各人渐渐的一个比一个矮；从矮子看到长子，只见各人也是渐渐的一个比一个长。在寻常状态之下，我们找不出一大群的长子，叫做长子阶级；也找不出一大群的矮子，叫做矮子阶级。我们在上海的大马路上或是在燕子矶关帝庙会里仔细一望，就可以明白这个道理。从人之长矮推论到人之智愚，我们更可明白生成之智慧只有渐渐的差别，没有对垒的阶级。智慧既无阶级，自然谈不到打倒、拥护的问题。

其次，我们要考察知识的本身。知识有真有伪。思想与行为结合而产生的知识是真知识，真知识的根是安在经验里的。从经验里发芽抽条开花结果的是真知灼见，真知灼见是跟着智慧走的。同处一个环境，同等的智慧可得同等的真知灼见。智慧是渐渐的相差，所以真知灼见也是渐渐相差。智慧既无阶级，真知识也就没有阶级。俗语说："三百六十行，行行出状元。"真知识只有直行的类别，没有横截的阶级各行的人有绝顶聪明的，也有绝不中用的；但在他们中间的人，智力上的差别和运用智力取得之真知识的差别都是渐渐的，都是没有阶级可言。倘使要把三百六十行的"上智"联合起来，称为知识阶级，再把三百六十行的"下愚"联合起来，称为无知识阶级，那就是一件很勉强很不自然的事了。

照这样说来，世界上不是没有知识阶级了吗？不，伪知识能成阶级！什么是伪知识？不是从经验里生发出来的知识便是伪知识。比如知道冰是冷的，火是热的知识。小孩儿用手摸着冰便觉得冷，从摸着冰而得到"冰是冷的"的知识是真知识。小孩儿单用耳听见妈妈说冰是冷的而得到"冰是冷的"的知识是伪知识。小孩儿用身靠近火便觉得热，从靠近火而得到"火是热的"的知识是真知识。小孩子单用耳听妈妈说火是热的而得到"火是热的"的知识是伪知识。有人在这里便起疑问："如果样样知识都要从自己经验里寻来，岂不是麻烦得很？人生经验有限，若以经验范围知识，那么所谓知识岂不是也很有限了吗？没有到过热带的人，就不能了解热带是热的吗？没有到过北冰洋的人，就不能了解北冰洋是冷的吗？"这些疑问是很重要的，我们必须把他们解答清楚，方能明了真知识与伪知识的分别。我只说真知识的根是要安在经验里，没有说样样知识都要从自己的经验上得来。假使我们抹煞别人经验里所发生的知识而不去运用，那真可算是世界第一个大呆子。我们的问题是要如何运用别人经验里所发生的知识使他成为我们的真知识，而不要成为我们的伪知识。比如接树：一种树枝可以接到别一种树枝上去使它格外发荣滋长，开更美丽之花，结更好吃之果。如果把别人从经验发生之知识接到我们从自己经验发生之知识之上去，那么，我们的知识必可格外扩充，生活必可格外丰富。我们要有自己的经验做根，以这经验所发生的知识做枝，然后别人的知识方才可以接得上去，别人的知识方才成为我们知识的一个有机体部分。这样一来，别人的知识在我们的经验里活着，我们的经验也就生长到别人知识里去开花结果。至此，别人的知识便成了我们的真知识；其实，他已经不是别人的知识而是自己的知识了。倘若对于某种知识，自己的经验上无根可找，那么无论如何勉强，也是接不活的。比如在厨房里烧过火的人，或是在火炉边烤过火的人，或是把手给火烫过的人，便可以懂得热带是热的；在冰房里去过的人，或是在冰窖里走过的人，或是做过雪罗汉的人，便可以懂得北冰洋是冷的。对于这些人，"热带是热的，北冰洋是冷的"，虽从书本上看来，或别人演讲时听来，也是真知识。倘自己对于冷热的经验丝毫没有，那么，这些知识虽是学而时习之，背得熟透了，也是于他无关的伪知识。

知识的一部分是藏在文字里，我们的问题又成为："什么文字是真知识？什么文字是伪知识？"经验比如准备金，文字比如钞票。钞票是准备金的代表，好一比文字是经验的代表。银行要想正经生意必须根据准备金去发行钞票。钞票是不可□发的。学者不愿自欺欺人，必须根据经验去发表文字。文字是不可滥写的，□滥发钞票，钞票便不值钱；滥写文字，文字也不值钱。欧战后，德国马克□著千丈，当时有句笑话，说是："请得一席客，汽车载马克。"这句话的意思□马克纸币价格跌的太低，寻常请一席酒要用汽车装马克去付账。这是德国□根据准备金而滥发纸币之过。滥发钞票，则虽名为钞票，几是假钞票。吾国□人写出了汗牛充栋的文字，青年学子把他们的脑袋子里都装满了，拿出来，□不得一肚饱。这些文字和德国纸马克是一样的不值钱，因为他们是在经验以□滥发的文字，是不值钱的伪知识。

我国先秦□者子如老子、孔子、孟子、庄子、墨子、杨子、荀子等都能凭着自己的经验□表文字，故有独到的议论。他们好比是根据自己的准备金发可靠的钞票。孔□很谦虚，只说"述而不作，信而好古"，自居为根据古人的准备金为古人清□钞票；他只承认删诗书，定礼乐，为取缔滥发钞票的工作。孟子虽是孔家的□实行员，但心眼稍窄，只许孔家一家银行存在，拼命的要打倒杨家、墨家的□钞票。汉朝以后，学者多数靠着孔子的信用，继续不断的滥发钞票，甚至于□又以所滥发的钞票做准备库，滥上加滥的发个不已，以至于汗牛充栋。韩文□的脾气有些像孟子，他眼看佛家银行渐渐的兴旺，气愤不过，恨不得要拼命□它封闭，把佛家银行的行员杀得干干净净。他至今享了"文起八代之衰"的□名。但据我看来，所谓"文起八代之衰"只是把孔家银行历代经理所滥发的□票换些新票而已，他又乘换印新票的时候顺带滥发了些新钞票。程、朱、□、王纵有许多贡献及不同的地方，但是他们四个人大部分的工作还是根据□孟合办银行的招牌和从前滥发的钞票去滥发钞票。他们此时正与佛家银行□点汇兑，所以又根据佛家银行的钞票，去滥发了些钞票。颜习斋看不过眼，□真的守着孔家银行的准备库，一方面大声疾呼的要严格按着准备金额发行钞□，一方面要感化佛家银行行员使他无形解体。他是孔家银行里一位最忠实□行员，可是他所谨守的金库里面有许多金子已经上锈了。等到八股发达□点，朱注的"四书"被拥护上天的时候，全国的人乃是以朱子所发的钞票当为准备金而大滥特滥的去发钞票了。至此中国的知识真正源于破产了。吴稚晖先生劝胡适之先生不要迷信整理国故，自有道理。但我觉得整理国故如同清理银行账目一样，是有他的位置的。我们希望整理国故的先生们经过很慎密的工作之后，能够给我们一本报告，使我们知道国故银行究有几多准备金，究能发行多少钞票，哪些钞票是滥发的。不过他们要谨慎些，千万不可一跨进银行门，也去滥发钞票。如果这样，那这笔账更要糊涂了。总括一句：只有从经验里发生出来的文字才是真的文字知识，凡不是从经验里发生出来的文字都是伪的文字知识。伪的文字知识比没有准备金的钞票还要害人，还要不值钱。

伪的知识、伪的文字知识既是害人又不值钱，那么，他如何能够存在呢？产生伪知识的人，应当连饭都弄不到吃，他们又如何能成阶级呢？伪知识和伪钞票一样必须得到特殊势力之保障拥护才能存在。"伪知识"阶级是特殊势力造成的，这特殊势力在中国便是皇帝。

创业的皇帝大都是天才。天才忌天才是很自然的一件事。天下最厉害的无过于天才得了真知识。如果政治的天才从经验上得了关于政治的真知灼见，谁的江山也坐不稳。做皇帝的人，特别是创业之主，是十分明了此中关系的，并且是一百分的不愿意把江山给人夺去。他要把江山当作子孙万世之业，必得要收拾这些天才。收拾的法子是使天才离开真知识去取伪知识。天才如何就他的范围，进他的圈套呢？说来倒很简单。皇帝引诱天才进伪知识的圈套有几个法子。一、照他的意旨在伪知识上用功，便有吃好饭的希望。俗话说："只有穷秀才，没有穷举人。"伪知识的功夫做得愈高愈深，便愈能解决吃饭问题。二、照他的意旨在伪知识上用功，便有做大官的希望。世上之安富尊荣，尽他享受。中了状元还可以做驸马爷，娶皇帝的女儿为妻。穿破布、烂棉袄去赴朝考的人，个个都有衣锦回乡的可能。三、照他的意旨在伪知识上用功，便有荣宗耀祖的希望。这样一来，全家全族的人都在那儿拿着鞭子代皇帝使劲赶他进圈套了。倘使他没有旅费，亲族必定要为他凑个会，或是借钱给他去应证。倘使他不去，又必定要用"不长进"一类的话来羞辱他，使他觉得不去应试是可耻的。全家、全□的力量都做皇帝的后盾，把天才的儿孙像赶驴子样一个个的赶进皇帝的圈套□天下的天才乃没有能幸免的了。

"伪知识"□级不是少数人可以组织成功的。有了皇帝做大批的收买，全社会做这大批□意的买办，个人为名利权位所诱而不能抵抗出卖，"伪知识"阶级乃完全告□。依皇帝的目光看来，这便是"天下英雄，尽入我彀中"。雄才大略的帝王□个有此野心，不过唐太宗口快，无意中把他说破罢了。最可叹的是皇帝手段□辣：一方面是积极的推重伪知识，所谓"满朝朱紫贵，尽是读书人"一类的□，连小孩都背熟了；一方面是消极的贱视伪知识以外的人，所谓"万般皆□品，唯有读书高"，又是从娘胎里就受迷的。所以不但政治天才入了彀，七□二行，行行的天才都入了他的圈套了。天才是遗传的，有其父必有其子。老□进了圈套，儿子、孙子都不得不进圈套，只要"书香之家"四个大字便可把□家世世代代的天才圈入"伪知识"阶级。等到八股取士的制度开始，"伪知□"阶级的形成乃更进一步。以前帝王所收买的知识还夹了几分真，等到□股发明以后，全国士人三更灯火五更鸡去钻取的知识乃是彻底不值钱的伪知□了。这种知识除了帝王别有用意之外，再也没有一人肯用钱买的了；就是□王买去也是丝毫无用，也是一堆一堆的烧去不要的。帝王是醉翁之意不在酒□他哪里是收买伪知识；他只是用名利、权位的手段引诱全国天才进入"伪知□"的圈套，成为废人，不能与他的儿孙争雄罢了。

这□废人只是为"惜字炉"继续不断的制造燃料，他们对于知识的全体是毫无贡□的。从大的方面看，他们是居于必败之地。但从他们个人方面看，却也有幸□成的与不幸而败的之分别。他们成则为达官贵人，败则为土豪、劣绅、讼□、刀笔吏、教书先生。最可痛心的，就是这些废人应考不中，只有做土豪、□绅、讼棍、刀笔吏、教书先生的几条出路。他们没有真本领赚饭吃，只得□假知识去抢饭吃、骗饭吃。土豪、劣绅、讼棍、刀笔吏之害人，我们是容易□道的；教书先生之害人更广、更深、更切；我们是不知道的。教书先生直接□父兄教子弟，间接就是代帝王训练"伪知识"阶级。他们的知识，出卖给别人吧，嫌他太假；出卖给皇帝吧，又嫌他假得不彻底；不得已只好拿来哄骗小孩子。这样一来，非同小可，大书呆子教小书呆子，几乎把全国中才以上的人都变成书呆子了，都勾引进伪知识阶级了。伪知识阶级的势力于是乎雄厚，于是乎牢不可破，于是乎继长增高，层出无穷。

皇帝与民争，用伪知识来消磨民间的天才，确是一个很妙的计策。等到民间的天才消磨已尽，忽然发生了国与国争，以伪知识的国与真知识的国抗衡，好一比是拿鸡蛋碰石头，哪有不破碎的道理！鸦片之战、英法联军之战、甲午之战，没有一次幸免，皇帝及大臣才明白伪知识靠不住，于是废八股，兴学堂。这未始不是一个转机。但是政权都操在"伪知识"阶级手中，他们哪会培养真知识？他们走不得几步路，就把狐狸尾巴拖出来了。他们自作聪明的把外国的教育制度整个的抄了一个来。他们曾用眼睛、耳朵、笔从外国取来了些与国情接不上的伪知识。他们把书院变成学堂，把山长改为堂长①。'四书'用不着了，一律换为各种科学的教科书。标本、仪器很好看，姑且拣那些好看的买他一套，在玻璃柜里陈列着，可以给客人参观参观。射箭很不时髦，要讲尚武精神，自须学习兵操。好，他们很信他们的木头枪真能捍国卫民咧　这就算是变法！这就算是维新！这就算是自强！一般社会对于这些换汤不换药的学堂却是大惊小怪，称他们为洋学堂，又称学堂里的学生为洋学生。办学的苦于得不到学生，于是除供饭食发零用外，还是依旧的按着学堂等级给功名：小学堂毕业给秀才，中学堂毕业给贡生，高等学堂毕业给举人，大学堂学生给进士，外国留学回来的，赴朝考及第给翰林点状元。社会就称他们为洋秀才、洋贡生、洋举人、洋进士、洋翰林、洋状元。后来废除功名，改称学士、硕士、博士等名目，社会莫名其妙了。得到这些头衔的人还是仍旧用旧功名翻译新功名，说是学士等于秀才，硕士等于举人，博士等于翰林，第一名的博士便是从前的状

① 山长，元代书院设山长，讲学之外，并总理院务。清乾隆时改名院长。清末仍名山长。堂长，清末创设各级各类学堂后，设堂长总理校务、教务。

元。说的人自以为得意，听的人由羡慕而称道不止，其实这还不是穿洋装的老八股吗？穿洋装的老八股就是洋八股。老八股好比是根据本国钞票发行的钞票；洋八股好比是根据外国钞票去发行的钞票。他们都是没有准备金的假钞票。洋八股老八股虽有新旧之不同，但同不是从经验里发生的真知识，同是不值钱的伪知识。从中国现在的情形看来，科学与玄学之争，只可说是洋八股与老八股之争。书本的科学，陈列的实验，岂能当科学实验之名。他和老八股是同样无用的东西。请看三十年来的科学，发明在哪里？制造在哪里？科学家倒遇见不少，真正的科学家在哪里？青年的学子：书本的科学是洋版的八股，在讲堂上高谈阔论的科学家，与蒙童馆里的冬烘先生是同胞兄弟，别给他们骗走了啊！

所以中国是有"伪知识"阶级。构成中国之伪知识阶级有两种成分：一是老八股派，二是洋八股派。这个阶级既靠伪知识骗饭吃，不靠真本领赚饭吃，便没有存在的理由。

这个阶级在中国现状之下已经是山穷水尽了。收买伪知识的帝王已经消灭，再也找不出第二个特殊势力能养这许多无聊的人。但因为惰性关系，青年们还是整千整万的向着这条死路出发，他们的亲友仍旧是拿着鞭儿在后面使劲的赶。可怜得很，这些青年个个弄得焦头烂额，等到觉悟回来，不能抢饭的便须讨饭。伪知识阶级的末路已经是很明显了，还用得着打倒吗？又值得拥护吗？

但是一班狡猾的"伪知识"者找着一个护身符，这护身符便是"读书"两个字。他们向我们反驳说："书也不应当读了吗？"社会不明白他们葫芦里卖的是什么药，也就随声附和地说："是啊！书何能不读呢！"于是"读书不忘救国，救国不忘读书"，便成了保障伪知识阶级的盾牌。所以不把读书这两个字说破，伪知识阶级的微生物便能在里面苟延残喘。我们应当明白，书只是一种工具，和锯子、锄头是一样的性质，都是给人用的。我们与其说"读书"不如说"用书"。书里有真知识和伪知识，读它一辈子，不能辨别它的真伪；可是用它一下，书的本来面目便显了出来，真的便用得出去，伪的便用不出去，也如同真的锯子才能锯木头，真的锄头才能锄泥土，假的锯子、锄头一用到木头泥土上去就知道它不行了。所以提到书便应说"用书"，不应说"读书"，那"伪知识"阶级便没得地方躲了。与"读书"联成一气的有"读书人"一个名词。这个名词，更要不得。假使书是应当读的，便应使人人有书读；决不能单使一部分的人有书读，叫做读书人，又一部分的人无书读，叫做不读书人。比如饭是应当吃的，应使人人有饭吃；决不能使一部分的人有饭吃，叫做吃饭的人；又一部分的人无饭吃，叫做不吃饭的人。从另一方面看，只知道吃饭，不成饭桶了吗？只知道读书，不成为有脚可以走路的活书架子了吗？我们为避免堕入伪知识阶级的诡计起见，主张用书不主张读书。农人要用书，工人要用书，商人要用书，兵士要用书，医生要用书，律师要用书，画家要用书，教师要用书，音乐家要用书，戏剧家要用书，三百六十行，行行都要用书。行行都成了用书的人，真知识才愈益普及，愈能发现了。书是三百六十行的公物，不是读书人所能据为私有的。等到三百六十行都是用书人，读书的专利营业便完全打破，读书人除非改行，便不能混饭吃了。这个日子已经来到，大家还不觉悟，只有死路一条。凡受过中国新旧教育的人，都免不了有些"伪知识"的成分和倾向。为今之计，我们应当痛下四个决心：

一、从今以后，我们应当放弃一切固有的伪知识；

二、从今以后，我们应当拒绝承受一切新来的伪知识；

三、从今以后，我们应当制止自己不要再把伪知识传与后辈；

四、从今以后，我们应当陪着后起的青年共同努力去探真知识的泉源。

最后，我要郑重的说：二十世纪以后的世界属于努力探获真知识的民族。凡是崇拜伪知识的民族，都要渐就衰弱以至于灭亡。三百六十行中决没有教书匠、读书人的地位，东西两半球上面也没有中华书呆国的立足点。我们个人与民族的生存都要以真知识为基础。伪知识是流沙，千万不可在他上面流连忘返。早一点觉悟，便是早一点离开死路，也就是早一点走向生路。这种生死关头，十分显明，绝无徘徊迟疑之余地。起个取真去伪的念头，是走向生路的第一步。明白伪知识的买主已经死了，永不复生并且绝了种，是走向生路的第二步。以做"读书"人或"读书"先生为最可耻，是走向生路的第三步。凡事手到心到——在力上劳心，便是骑着千里驹在生路上飞跑了。

（1928年）

导读 　　教育者不是造神，不是造石像，不是造爱人，他们所要创造的是真善美的活人。真善美的活人是我们的神，是我们的石像，是我们的爱人。教师的成功是创造出值得自己崇拜的人。先生之最大的快乐，是创造出值得自己崇拜的学生。

创造宣言

创造主未完成之工作，让我们接过来，继续创造。

宗教家创造出神来供自己崇拜。最高的造出上帝，其次造出英雄之神，再其次造出财神、土地公、土地婆来供自己崇拜，省事者把别人创造现成之神来崇拜。

恋爱无上主义者造出爱人来崇拜。笨人借恋爱之名把爱人造成无恶无耻的荡妇来糟踏，糟踏爱人者不是奉行恋爱无上主义，而是奉行万恶无底主义的魔鬼，因为他把爱人造成魔鬼婆。

美术家如罗丹，是一面造石像，一面崇拜自己的创造。

教育者不是造神，不是造石像，不是造爱人。他们所要创造的是真善美的活人。真善美的活人是我们的神，是我们的石像，是我们的爱人。教师的成功是创造出值得自己崇拜的人。先生之最大的快乐，是创造出值得自己崇拜的学生。说得正确些，先生创造学生，学生也创造先生，学生先生合作而创造出值得彼此崇拜之活人。倘若创造出丑恶的活人，不但是所塑之像失败，亦是合作塑像者之失败。倘若活人之塑像是由于集体的创造，而不是个人的创造，那么这成功失败也是属于集体而不是仅仅属于个人。在一个集体当中，每一个活人之塑像，是这个人来一刀，那个人来一刀，有时是万刀齐发。倘使刀法不合于交响曲之节奏，那便处处是伤痕，而难以成为真善美之活塑像。在刀法之交响中，投入一丝一毫的杂声，都是中伤整个的和谐。

教育者也要创造值得自己崇拜之创造理论和创造技术。活人的塑像和大理石的塑像有一点不同，刀法如果用得不对，可以万像同毁，刀法如果用得对，则一笔下去，画龙点睛。

有人说：环境太平凡了，不能创造。平凡无过于一张白纸，八大山人挥毫画他几笔，便成为一幅名贵的杰作。平凡也无过于一块石头，到了飞帝亚斯、米开朗基罗的手里可以成为不朽的塑像。

有人说：生活太单调了，不能创造。单调无过于坐监牢，但是就在监牢中，产生了正气歌，产生了苏联的国歌，产生了尼赫鲁自传。单调又无过于沙漠了，而雷塞布（Lesseps）竟能在沙漠中造成苏彝士运河，把地中海与红海贯通起来。单调又无过于开肉包铺子，而竟在这里面，产生了平凡而伟大的平老静。

可见平凡单调，只是懒惰者之遁辞。既已不平凡不单调了，又毋需乎创造。我们是要在平凡上造出不平凡；在单调上造出不单调。

有人说：年纪太小，不能创造，见着幼年研究生之名而哈哈大笑。但是当你把莫扎尔特、爱迪生及冲破父亲数学层层封锁之帕斯加尔（Pascal）的幼年研究生之名翻给他看，他又只好哑口无言了。

有人说：我是太无能了，不能创造，但是鲁钝的曾参传了孔子的道统。不识字的慧能，传了黄梅的教义。慧能说："下下人有上上智。"我们岂可以自暴自弃呢？可见无能也是借口。蚕吃桑叶，尚能吐丝，难道我们天天吃白米饭，除造粪之外，便一无贡献吗？

有人说：山穷水尽，走投无路，陷入绝境，等死而已，不能创造。但是遭遇八十一难之玄奘，毕竟取得佛经；粮水断绝，众叛亲离之哥伦布，毕竟发现了美洲；冻饿病三重压迫下之莫扎尔特，毕竟写出了安魂曲。绝望是懦夫的幻想。歌德说：没有勇气一切都完。是的，生路是要勇气探出来，走出来，造出来的。这只是一半真理；当英雄无用武之地，他除了大无畏之斧，还得有智慧之剑、金刚之信念与意志，才能开出一条生路。古语说，穷则变 变则通。要有智慧才知道怎样变得通，要有大无畏之精神及金刚之信念与意志才变得过来。

所以：处处是创造之地，天天是创造之时，人人是创造之人，让我们至少走两步退一步，向着创造之路迈进吧。

像屋檐水一样，一点一滴，滴穿阶沿石。点滴的创造固不如整体的创造，但不要轻视点滴的创造而不为，呆望着大创造从天而降。

东山的樵夫把东山的茅草割光了，上泰山割茅草，泰山给他的第一印象是：茅草没有东山多，泰山上的"经石峪"、"无字碑"，"六贤祠"、"三皇顶"，大自然雕刻的奇峰、怪石、瀑布，豢养的飞禽、走兽、小虫，和几千年来农人为后代种植的大树，于他无用，都等于没有看见。至于那种登泰山而小天下之境界，也因急于割茅草看不出来。他每次上山拉一堆屎，下山撒一泡尿，挑一担茅草回家。尿与屎是他对泰山的贡献，茅草是他从泰山上得到的收获。茅草是平凡之草，而泰山所可给他的又只有这平凡之草，而且没有东山多，所以他断定泰山是一座平凡之山，而且从割草的观点看，比东山还平凡，便说了一声："泰山没有东山好。"被泰山树苗听见，想到自己老是站在寸土之中，终年被茅草包围着，徒然觉得平凡、单调、烦闷、动摇，幻想换换环境。一根树苗如此想，二根树苗如此想，三根树苗如此想，久而久之成趋向，便接二连三的，一天一天的，听到树苗对樵夫说："老人家，你愿意带我到东山去玩一玩么？"樵夫总是随手一拔，把它们一根一根的和茅草捆在一起，挑到东山给他的老太婆烧锅去了。我们只能在樵夫的茅草房的烟囱里偶尔看见冒出几缕黑烟，谁能分得出哪一缕是树苗的，哪一缕是茅草的化身？

割草的也可以一变而成为种树的老农，如果他肯迎接创造之神住在他的心里。我承认就是东山樵夫也有些微的创造作用——为泰山剃头理发，只是我们希望不要把我们的鼻子或眉毛剃掉。

创造之神！你回来呀！你所栽培的幼苗是有了幻想，樵夫拿着雪亮亮的镰刀天天来，甚至常常来到幼苗的美梦里。你不能放弃你的责任。只要你肯回来，我们愿意把一切——我们的汗，我们的血，我们的心，我们的生命——都献给你，当你看见满山的幼苗在你监护之下，得到我们的汗、血、心、生命的灌溉，一根一叶的都长成参天的大树，你不高兴吗？创造之神！你回来呀！只有你回来，才能保证参天大树之长成。

罗丹说：“恶是枯干。”汗干了，血干了，热情干了，僵了，死了，死人才无意于创造。只要有一滴汗、一滴血、一滴热情，便是创造之神所爱住的行宫，就能开创造之花，结创造之果，繁殖创造之森林。

（1943年）

┃导读┃   1939年7月，陶行知在重庆创办了育才学校，培养具有特殊才能的儿童。在陶行知的领导下，育才学校自觉承担了普及先进文化的责任，为社会培养了大量的人才，育才自此成为中国现代教育的一种象征。

育才学校创办旨趣

我们在普及教育运动实践中，常常发现老百姓中有许多穷苦孩子有特殊才能，因为没有得到培养的机会而枯萎了。这是一件非常可惜的事情，这是民族的损失，人类的憾事，时时在我的心中，提醒我中国有这样一个缺要补足。

抗战后，从国外归来，路过长沙汉口时，看到难童中也有一些有特殊才能的小孩，尤其在汉口临时保育院所发现的使人更高兴，那时我正和音乐家任光先生去参观：难童中有一位害癫痫的小朋友，但他是一位有音乐才能的孩子，不但指挥唱歌有他与众不同的能力，而他也很聪敏，任光先生给他的指示，他便随即学会。

又有一次，我在重庆临时保育院参观，院长告诉我一件令人愤慨不平的事。他说近来有不少的阔人及教授们来挑选难童去做干儿子，麻子不要，癫痢不要，缺唇不要，不管有无才能，唯有面孔漂亮、身材秀美，才能中选，而且当着孩子的面说，使他们蒙上难堪的侮辱，以至在他们生命中，烙上一个不可磨灭的印象。

以上三个印象，在我的脑子里各各独立存在了很久，有一天，忽然三个意思凝合起来了，几年来普及教育中的遗憾须求得补偿，选干儿子的做法应变为培养国家民族人才幼苗的办法，不管他有什么缺憾，只要有特殊才能，我们都应该加以特殊之培养，于是我便发生创办育才学校的动机。当时就做了一个计划，由张仁（一麐）先生领导创立董事会，并且得到赈委会许俊人（世英）先生之同意而实现，这是去年一月间的事。

创办育才的主要意思在于培养人才之幼苗，使得有特殊才能者的幼苗不致枯萎，而且能够发展，就必须给予适当的阳光、空气、水分和养料，并扫除害虫。我们爱护和培养他们正如园丁一样，日夜辛勤的工作着，希望他们一天天的生长繁荣。我们拿爱迪生的幼年来说吧，他小时在学校求学，因为喜欢动手动脚，常常将毒药带到学校里来玩，先生不理解他，觉得厌恶，便以"坏蛋"之罪名，仅学了三个月的爱迪生赶出学校。然而他的母亲却不以为然，她说她家的"宝"没有坏，她便和她的儿子约好，历史地理由她教他，化学药品由他自己保管，将各种瓶子做记号，并且放在地下室里，他欣然的接受了母亲的意见，于是这里那里的找东西，高高兴兴的玩起来。结果，就由化学以至电学，成为世界有名的大发明家，虽然那三个月的学校教育是他一生仅有的形式教育，但是由于他母亲的深切的理解他，终能有此造就。像爱迪生母亲那样了解儿童的精神，是值得我们学习的。假如他的附近有化学家电学家的帮助，设备方面又有使用之便利，则可减少他许多困难。我们这里便想学做爱迪生的母亲，又想给小朋友这些特殊的便利。

我们这里的教师们，要有爱迪生母亲那样了解儿童及帮助儿童从事特殊的修养。但在这民族解放战争中，单为帮助个人是不够也是不对的，必须要在集体生活中来学习，要为整个民族利益来造就人才。因此，我们要引导学生们团结起来做追求真理的小学生；团起来做自觉觉人的小先生；团起来做手脑双挥的小工人；团起来做反抗侵略的小战士。

真的集体生活必须有共同目的、共同认识、共同参加，而这共同目的、共同认识和共同参加，不可由单个的团体孤立的建树起来。否则，又会变成孤立的生活、孤立的教育，而不能充分发挥集体的精神。孟子说："先立乎其大者，则其小者不能夺也。"我们中国现在最大的事是什么？团结整个的中华民族，以打倒日本帝国主义而创造一个自由平等幸福的中华民国。我们的小集体要成了这个大集体的单位才不孤立，才有效力，才有意义。与这个大集体配合起来，然后我们的共同立法，共同遵守，共同实行。才不致成为乌托邦的幻想。

我们的学生要过这样的集体生活，在集体生活中，按照他的特殊才能，给予某种特殊教育，如音乐、戏剧、文学、绘画、社会、自然等。以上均各设组以进行教育，但是小朋友确有聪明，而一时不能发现他的特长，或是各方面都有才能的，我们将来要设普通组以教育之。又若进了某一组，中途发现他并不适合那一组，而对另一组更适合，便可以转组。总之，我们要从活生生的可变动的法则来理解这一切。

但是，育才学校有三个不是，须得在此说明：

一、不是培养小专家。有人以为我们要揠苗助长，不顾他的年龄与接受力及其发展的规律，硬要把他养成小专家或小老头子。这种看法是片面的。因为那样的办法也是我们极反对的。我们只是要使他在幼年时期得到营养，使他健全而有效地向前发展。因此，在特殊功课以外，还须给予普通功课，使他获得一般知能，懂得一般做人的道理，同时培养他的特殊才能，根据他的兴趣能力引导他将来能成为专才。

二、不是培养他做人上人。有人误会以为我们要在这里造就一些人去升官发财，跨在他人之上，这是不对的。我们的孩子们都从老百姓中来，他们还是要回到老百姓中去，以他们所学得的东西贡献给老百姓，为老百姓造福利；他们都是受着国家民族的教养，要以他们学得的东西贡献给整个国家民族，为整个国家民族谋幸福；他们是在世界中呼吸，要以他们学得的东西帮助改造世界，为整个人类谋利益。

三、我们不是丢掉普及教育，而来干这特殊的教育。其实我们不但没有丢掉普及教育，而且正在帮助发展它。现在中国处在伟大的抗战建国中，必须用教育来动员全国民众觉悟起来，在抗战建国纲领之下，担当这重大的工作，所以普及教育实为今天所亟需。是继续不断的要协助政府，研究普及教育之最有效之方法，以提高整个民族的意识及文化水准。育才学校之创立，只是生活教育运动中一件新发展的工作，它是丰富了普及教育原定的计划，决不是专为这特殊教而产生特殊教育，也不是丢掉普及教育而来做特殊教育。

（1951年）